DE LA RÉFORME

DE LA

PROCÉDURE CRIMINELLE

EN FRANCE

PAR

M. PHILIPPE RONDEAU

CONSEILLER A LA COUR D'APPEL DE POITIERS.

POITIERS

TYPOGRAPHIE DE HENRI OUDIN

RUE DE L'ÉPERON, 4.

1872

DE LA RÉFORME

DE LA

PROCÉDURE CRIMINELLE

EN FRANCE.

POITIERS. — TYPOGRAPHIE DE HENRI OUDIN.

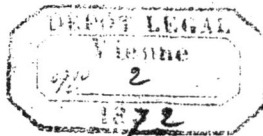

DE LA RÉFORME

DE LA

PROCÉDURE CRIMINELLE

EN FRANCE

PAR

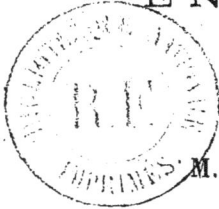

M. PHILIPPE RONDEAU

CONSEILLER A LA COUR D'APPEL DE POITIERS.

POITIERS

TYPOGRAPHIE DE HENRI OUDIN

RUE DE L'ÉPERON, 4.

1872

AVANT-PROPOS.

Ce travail n'était pas destiné à l'impression. En en lisant les premières lignes, on verra dans quelle circonstance, en quel temps et dans quel but il a été fait.

Terminé à la fin de juillet 1870, il allait être adressé, dans les premiers jours du mois d'août, à la Commission nommée par M. Emile Ollivier, alors garde des sceaux, pour réformer la procédure criminelle, lorsque nos désastres commencèrent.

Je me décide à le publier ; et je déclare qu'à part les expressions de procureur *impérial* et de Cour *impériale*, que j'ai remplacées, je n'y ai pas changé un seul mot.

J'aurais pu sans doute le refaire en entier et l'étendre bien davantage. Mais comme les idées essentielles y sont suffisamment indiquées, et que depuis le moment où ce travail a été composé, elles ne se sont pas modifiées chez moi, j'ai préféré le faire imprimer tel qu'il était. J'espère d'ailleurs qu'on voudra bien ne s'occuper que du fond, et qu'on ne fera pas attention aux négligences de la forme.

Tel qu'il est, peut-être ne sera-t-il pas complétement inutile.

C'est dans cette pensée que je l'offre tout d'abord à M. le garde des sceaux, à l'avocat illustre et à l'homme de bien que la magistrature française s'honore de voir à sa tête.

Je l'offre également à ceux des membres de l'Assemblée Nationale qui auront à s'occuper bientôt de notre réorganisation judiciaire.

Quel que soit le jugement que l'on doive porter sur cet écrit, j'ai la conscience d'en pouvoir dire, en empruntant la devise de Montaigne : *Cecy est une œuvre de bonne foy*.

Philippe RONDEAU.

12 décembre 1871.

DE LA RÉFORME

DE LA

PROCÉDURE CRIMINELLE

EN FRANCE.

I.

PROLÉGOMÈNES.

Par sa circulaire du 12 mai dernier [1] Son Excellence
M. le Garde des Sceaux, après avoir nommé, pour préparer la réforme de notre Procédure criminelle, une
commission dont il s'est réservé la présidence, a bien
voulu faire appel à tous les membres de la magistrature française. C'est pour répondre à cet appel que
je vais consigner ici le résultat de mes études et
d'une pratique déjà longue de notre droit criminel.

Je suis de ceux qui pensent qu'il est opportun de

1. Circulaire de M. Émile Ollivier, garde des sceaux, du 12 mai 1870.

modifier en quelques parties notre Code d'instruction criminelle; mais je crois aussi que toutes les modifications qu'un esprit sage doit désirer peuvent y être apportées sans qu'il soit besoin d'attaquer dans ses éléments essentiels ce monument de législation si admiré jusqu'à nos jours, et d'autant plus admirable, selon moi, qu'il se prête merveilleusement, son économie restant intacte, aux réformes libérales que l'opinion publique réclame au nom du progrès.

Que reproche-t-on à notre Procédure criminelle? — De tout sacrifier à l'accusation, et de ne pas tenir assez compte des intérêts de l'accusé ; de donner au juge d'instruction un pouvoir sans limites et à peu près sans contrôle. De là viendraient, dit-on, des abus nombreux, des vexations inutiles dans les poursuites, le mépris de la liberté individuelle, et, ce qui serait pire que tout, des erreurs judiciaires dont on aurait vu, dans ces dernières années, se multiplier les tristes exemples.

Ces reproches sont-ils fondés? Je crois qu'ils le sont, du moins en partie ; mais j'estime qu'il y a erreur de la part de ceux qui accusent de tout le mal l'œuvre des législateurs de 1808 et demandent qu'on la détruise. Cette œuvre est un édifice magnifique auquel certaines réparations suffiront pour qu'il devienne complétement approprié aux exigences de l'esprit moderne.

Depuis longtemps déjà, le gouvernement s'en est ému : il a pris une généreuse initiative, et, dans les vingt dernières années, le Code d'instruction criminelle a subi des modifications nombreuses.

Quelques-unes de ces lois nouvelles méritent une approbation sans réserve. Mais, pour le plus grand nombre, comme je le montrerai dans la suite, je ne vois d'éloges à donner qu'à la bonne volonté du législateur : or on a le droit d'être exigeant vis-à-vis de ceux qui aspirent à l'honneur de représenter le pays et de lui donner des lois. Ce n'est pas l'être trop à leur égard que de demander qu'ils ne remplacent une loi par une autre qu'après avoir sérieusement étudié le texte qu'ils veulent abroger, et préparé mûrement la disposition qu'ils lui substituent. En définitive, suivant mon appréciation, tout en voulant améliorer notre Code d'instruction, et avec les meilleures intentions, on l'a, jusqu'à présent, moins amélioré que mutilé.

Je commencerai cette étude par jeter un coup d'œil d'ensemble sur le système et sur la marche de notre Procédure criminelle. Je dégagerai les grands principes qui en sont et qui en doivent demeurer la base; puis après, je l'examinerai de nouveau dans ses principaux détails.

En cette matière il ne suffit pas de faire de la théorie, il faut descendre à l'application dans ce qu'elle a de plus minutieux ; et j'ai fait cette observation, que la Procédure criminelle qui paraît à un observateur superficiel hérissée de dispositions multiples et compliquées, est très-simple dans la pratique; tandis qu'au contraire des théories, merveilleuses de simplicité en apparence, se heurtent, dès qu'on les veut appliquer, à des difficultés insurmontables.

J'aurais voulu ne parler ici que de la Procédure sans

m'occuper de l'organisation judiciaire ; mais ces deux sujets sont tellement liés l'un à l'autre, en droit criminel, qu'on ne peut traiter de la manière de poursuivre les coupables, sans s'occuper des magistrats qui dirigent ces poursuites et des tribunaux qui les jugent.

Du reste, pour être à la fois, si je le puis, complet et lucide, et pour présenter, à côté l'une de l'autre, la pratique et la théorie exerçant l'une sur l'autre un mutuel contrôle, je mettrai pour ainsi dire la Procédure en action : je marcherai d'un pas un peu lent peut-être, mais plus sûr; et si je suis obligé de m'arrêter souvent en route pour examiner bien des détails, j'éviterai, autant que possible, toutes les longueurs inutiles.

Supposons donc qu'un crime a été commis : il faut en découvrir l'auteur, le convaincre et le punir. Quels sont les intérêts en présence ? Comment se fera la poursuite ? Comment jugera-t-on l'accusé ? Je n'en suis encore, qu'on se le rappelle bien, qu'aux principes généraux.

II.

DES INTÉRÊTS DE LA POURSUITE ET DES INTÉRÊTS DE LA DÉFENSE.

Quand un crime est commis, l'intérêt social qui exige que le coupable soit découvert et puni, se décompose suivant deux aspects distincts : il y a *l'intérêt de la poursuite*, qui n'a pas besoin d'être défini, et *l'intérêt de la défense*, c'est-à-dire celui de l'inculpé qui repousse l'accusation dirigée contre lui.

Ces deux intérêts sont placés par l'opinion commune dans une situation différente : celui de la *poursuite* est appelé *l'intérêt général*, *l'intérêt social* ; celui de la *défense* n'est considéré que comme un intérêt individuel, respectable sans aucun doute, mais de nature à pouvoir être blessé sans que la société tout entière sente la douleur de cette blessure. Il n'en est point ainsi a mes yeux : je considère ces deux intérêts comme également sacrés ; et si je nomme l'un *l'intérêt social* de la poursuite, j'appellerai l'autre *l'intérêt social* de la défense : car s'il est de l'intérêt de la société tout entière que l'auteur d'un crime soit découvert et puni, n'y a-t-il pas le même intérêt à ce que nul de nous ne soit l'objet de poursuites téméraires, aboutissant à une accusation et quelquefois même à une condamnation injustes ?

Le tort du législateur de 1808 a été de méconnaître cette grande vérité morale et de placer l'intérêt social de la poursuite au-dessus de l'intérêt social de la défense, au lieu de consacrer leur parfaite égalité. Mais, au moment où il rédigeait nos lois criminelles, après de si grands bouleversements politiques accompagnés et suivis de tant de forfaits privés, il était excusable. Les réformateurs de 1856 ne se sont pas élevés plus haut dans la philosophie du droit ; et si l'on prend leur œuvre dans son ensemble, on trouve qu'ils ont plutôt diminué qu'augmenté les garanties accordées à l'accusé par la législation existante. Ils ont donc aggravé le mal qu'ils prétendaient guérir ; et dans les circonstances où ils étaient, en face d'une législation éprouvée par cinquante ans d'expérience, j'avoue que je ne saurais leur trouver d'excuses. C'est là qu'est le mal ; je le découvrirai dans ses détails, et en même temps j'espère montrer combien il sera facile d'y porter remède.

Ce remède , c'est la *liberté* : j'entends par là une liberté d'action plus grande accordée à tous ceux qui jouent un rôle dans les procès criminels : non pas une liberté sans limites , mais une liberté soumise à un sérieux et puissant contrôle. Je m'explique : dans chaque affaire criminelle il y a le ministère public qui poursuit, le juge d'instruction qui recueille les preuves, les tribunaux qui jugent, et le prévenu qui se défend.

Le ministère public a le droit de requérir tout ce qu'il croit utile à la manifestation de la vérité : je lui maintiens ce droit.

Le juge d'instruction, qui jouit d'une puissance très-grande à bien des égards, avait, sur certains points, les mains complétement liées par le Code primitif. A partir de 1856 on a commencé à relâcher ces liens, surtout en ce qui concerne la liberté provisoire, et c'est, il faut le dire, la seule innovation heureuse que l'on ait faite à cette époque. J'affranchirais plus complétement encore le juge d'instruction, et je lui donnerais une entière liberté d'action.

J'accorderais également aux tribunaux , qu'ils s'appellent chambre du conseil ou d'accusation, tribunaux correctionnels de première instance ou d'appel, certaines facultés dont ils ne jouissent plus, ou dont ils n'ont même jamais joui.

Enfin je donnerais à l'inculpé, prévenu ou accusé, une liberté de défense complète, utile, et organisée de telle sorte que rien de ce qu'il a intérêt à faire connaître n'échappe aux magistrats qui instruisent ou aux juges qui décideront de son sort. Mais je n'introduirais partout une liberté plus grande qu'en organisant en même temps de puissants moyens de recours contre les abus possibles de cette liberté.

Ces prémisses posées, voyons comment nos législateurs ont entendu sauvegarder l'intérêt social de la poursuite et l'intérêt social de la défense.

III.

COMMENT LES INTÉRÊTS DE LA POURSUITE SONT—ILS GARANTIS ?

Tout d'abord, l'intérêt de la poursuite est-il suffisamment garanti par notre procédure criminelle ? Je réponds affirmativement ; et à part quelques imperfections de détail dont je parlerai en leur lieu, je ne conçois rien de plus simple et de plus fort que ce système qui confie la poursuite et la recherche des coupables aux efforts combinés de deux magistrats, le procureur de la République et le juge d'instruction.

Le ministère public est vraiment une création toute française : un et indivisible dans la personne de ses nombreux représentants, libre dans son action, requérant toute mesure ou toute décision qu'il croit utile ou qu'il croit juste, et soutenant plus tard de sa parole puissante parfois, mais toujours convaincue, les conclusions que sa conscience seule a le droit de lui dicter.

Puis à côté de cette partie agissante et pleine d'initiative, mais à qui la passion du bien pourrait faire perdre la mesure, se trouve la froide impartialité du juge d'instruction. A ce dernier seul appartient le droit d'établir les preuves ; il entend les témoins, il interroge l'inculpé, il fait les confrontations ; il constate par écrit ce qu'il a entendu, ce qu'il a vu, ce qu'il a vérifié ; et, comparant avec les résultats de son enquête les réquisitions de la partie publique, c'est également à sa conscience qu'il demande le dernier mot de ses appréciations.

Ces deux magistrats se complètent ainsi l'un par l'autre, et leur puissance est formidable ; mais c'est le juge d'instruction qui en a la plus grande part, car enfin il recherche, il constate et il décide ; et s'il est laborieux, perspicace et actif, on peut dire qu'il peut tout pour la vérité. C'est lui qui, d'après nos lois, possède la plus grande autorité qu'on ait donnée à un homme : c'est le pouvoir absolu tempéré par la conscience.

L'intérêt social de la poursuite est donc garanti ; et je vais établir qu'il l'est complétement, c'est-à-dire aux deux points de vue sous lesquels il est compris tout entier.

En effet, eu égard à la justice absolue, cet intérêt est complexe ; il ne suffit pas que les magistrats soient armés des pouvoirs nécessaires pour poursuivre les coupables, il faut qu'ils soient obligés de poursuivre également *tous* les coupables ; et comme ils pourraient se laisser entraîner à quelque faiblesse, il faut que la société trouve dans les institutions elles-mêmes des garanties contre la défaillance possible des magistrats. Or ces garanties y sont par l'établissement d'un double droit : *le droit d'évocation* attribué à la chambre des mises en accusation pour toute affaire en cours d'instruction, et le droit conféré aux chambres assemblées de la Cour d'appel d'enjoindre au procureur général de poursuivre, lors même que l'opinion personnelle de ce magistrat y serait contraire. De pareils pouvoirs, possédés par de grands corps judiciaires dans un pays où la presse est libre, n'assurent-ils pas complétement la poursuite égale de tous les coupables ?

IV.

COMMENT SONT GARANTIS LES INTÉRÊTS DE LA DÉFENSE.

Ainsi l'intérêt de la poursuite, à tous les points de vue, est garanti d'une manière complète. En est-il de même de l'intérêt social de la défense ? Je ne le crois pas, et c'est pour cela que, suivant moi, des réformes sont urgentes.

Mais, pour traiter utilement ce sujet, il convient d'examiner de plus près le système du Code, tel qu'il a été établi en 1808, et tel qu'il est aujourd'hui après les modifications qu'il a subies.

De toutes ces modifications, la plus importante a été la suppression de la chambre du conseil par la loi du 17 juillet 1856. Cette suppression m'a toujours semblé regrettable. Cependant l'état de choses antérieur à la loi de 1856, quoique préférable au système qu'elle a inauguré, était loin d'être parfait ; et puisqu'il est question de changer encore, je proposerai non pas de rétablir purement et simplement ce qui existait, mais d'inaugurer courageusement un système plus large et plus libéral.

Et d'abord, quels sont les avantages et les inconvénients de ces deux systèmes, de celui qui admettait la chambre du conseil et de celui qui l'a supprimée ?

V.

DE L'ANCIENNE CHAMBRE DU CONSEIL ET DE SA SUPPRESSION.

La chambre du conseil, à laquelle le juge d'instruction faisait son rapport quand la procédure était close, offrait des garanties réelles. L'adjonction à ce magistrat de ses deux collègues jusque-là demeurés étrangers à l'information, pour étudier l'affaire, lire les pièces, examiner la portée des témoignages et des indices recueillis, et statuer en fin de compte, était utile et profitable pour tous quand il s'agissait d'une affaire grave ou délicate. Elle était surtout appréciée dans ces sortes de poursuites où les magistrats ont besoin de lutter contre des passions du dehors qui veulent faire pression sur leur conscience pour ou contre l'inculpé.

Vis-à-vis du juge d'instruction, le concours de la chambre du conseil au règlement définitif de la procédure était tout à la fois une force et un contrôle. Pourquoi l'a-t-on supprimée ?

En 1856 on a prétendu que ce contrôle était illusoire et que son seul effet était de retarder, sans aucun résultat sérieux, le jugement de l'affaire. C'était un tort : on faisait à la chambre du conseil un reproche qu'elle ne méritait pas, et on ne savait pas reconnaître celui qu'elle méritait.

En fait, dans la pratique, la nécessité de soumettre toutes les affaires à la chambre du conseil ne retardait pas le jugement ; et sur ce point on pouvait mettre la loi d'accord avec la pratique en ordonnant que cette chambre s'assemblerait dès qu'une affaire serait prête ; on pouvait aussi décider que chaque tribunal, au lieu d'une seule audience correctionnelle, en aurait au besoin trois, espacées dans le cours de la semaine.

Le mal réel, celui que l'on n'a pas vu, venait de ce que le contrôle de la chambre du conseil était tardif. Comme on ne lui soumettait la procédure qu'après la clôture de l'information, elle ne pouvait exercer aucune influence ni sur la direction, ni sur les incidents de la poursuite. Son droit se bornait à l'examen des charges constatées, et au règlement provisoire de la compétence lorsqu'il y avait indices suffisants pour la mise en prévention de l'inculpé.

Cependant ce contrôle était nécessaire, et jusqu'à un certain point il s'exerçait utilement. S'il était insuffisant comme on le prétendait, le bon sens prescrivait de le rendre plus efficace et plus fort. On a fait tout le contraire : on l'a supprimé, pour mettre toute l'instruction entre les mains d'un seul juge, ou plutôt entre celles du procureur de la République qui, dans la réalité des choses, en est devenu le maître absolu.

Comment voulez-vous, en effet, que le juge d'instruction puisse résister au chef du parquet? Il est seul, isolé, contre un magistrat qui s'appuie sur la haute autorité du procureur général, lequel a presque toujours soin qu'on n'ignore pas qu'il a pris lui-même les ordres du gouvernement. Sans doute, si ce juge d'instruction est un magistrat parfait, sa conscience lui dira qu'il doit résister, et il suivra la voix de sa conscience. Mais quelle lutte il devra soutenir, lui seul, contre ces trois personnages, dont l'un est son collègue, l'autre son chef hiérarchique, et le troisième, le chef même de toute la magistrature! Que sera-ce donc, si c'est un homme capable de songer qu'il est amovible, ou si c'est un de ces jeunes gens à peine instruits, sans expérience, auxquels on confie maintenant la plus difficile des fonctions judiciaires, comme un marche-pied pour arriver à la plus modeste et la moins importante de toutes, celle de substitut près d'un tribunal de première instance?

On s'est donc trompé quand on a cru hâter le jugement en supprimant la chambre du conseil. Cependant si le moyen était mauvais, le motif était bon: beaucoup d'instructions se faisaient alors avec une déplorable lenteur; et il est certain qu'il y avait, il y a vingt ans, sous ce rapport, bien des abus à réprimer. Malheureusement, en France, on va toujours d'un extrême à l'autre, et grâce à certaines lois, comme celle des flagrants délits, aux instructions ministérielles et aux circulaires des procureurs généraux, on n'eut bientôt qu'une pensée et qu'un mot d'ordre : juger vite. On a obéi à ce mot d'ordre, et de cette manière à la lenteur on a substitué la précipitation. Or, en semblable matière, la lenteur et la précipitation sont deux défauts à éviter. Cependant je suis loin de les placer sur la même ligne : si la lenteur a des inconvénients, la précipitation offre des périls ; elle expose les magistrats au plus grave de tous, l'erreur judiciaire. J'aurai lieu d'en rapporter des exemples.

Je poserai donc comme principes, avant de commencer l'exposé de mes réformes, ces deux vérités : la première, que l'intérêt de la défense est un intérêt social de même ordre que l'intérêt de la poursuite ; la seconde, que dans les affaires criminelles, s'il faut éviter la lenteur, il faut par-dessus tout redouter la précipitation.

Le remède à ces abus possibles, c'est le contrôle de tous les actes du magistrat ; c'est le droit accordé à l'inculpé de présenter et de faire discuter en tout temps sa défense ; c'est la mise à sa disposition des moyens d'exercer ce droit qui serait illusoire, s'il restait à l'état de lettre morte.

Telle est ma théorie. J'arriverai bientôt à la pratique ; je voudrais même en être déjà aux détails ; mais je prévois que je serai obligé, surtout au commencement, de m'arrêter plus d'une fois pour discuter, dans les régions élevées du droit, les plus importants problèmes de la législation criminelle.

VI.

DU RÉGIME ACCUSATOIRE EF DU RÉGIME INQUISITORIAL.

Si par exemple je commence ainsi : « Un crime est « commis ; le procureur de la République saisit le juge « d'instruction, et une information est ouverte », je me trouve tout d'abord en présence de cette question considérable : Doit-on maintenir dans notre procédure criminelle cette division des poursuites et de l'information en deux périodes : l'instruction préparatoire et secrète, puis les débats publics ? En d'autres termes, doit-on conserver, et conserver juxtaposés comme ils le sont aujourd'hui, ces vestiges des deux régimes qui se sont succédé l'un à l'autre dans l'histoire de notre droit, le régime *accusatoire* et le régime *inquisitorial* ?

En vérité, si je me crois obligé de défendre ce qui forme, depuis la promulgation du Code, les bases essentielles de notre Procédure criminelle, c'est qu'il n'y a rien aujourd'hui qui soit à l'abri des attaques, et que des hommes instruits et consciencieux semblent déplorer, dans l'intérêt du droit et de la raison, la transaction ménagée par les auteurs du Code d'instruction entre ces deux régimes si opposés l'un à l'autre, qui ont régné sur la France l'un après l'autre, sans partage.

En ce moment, le régime *accusatoire* a toute la faveur ; le régime *inquisitorial*, dont le nom seul effraie, paraît n'éveiller que des souvenirs pénibles : on penche visiblement vers l'autre, en faveur duquel on serait même assez disposé à faire valoir son droit d'aînesse.

Le régime accusatoire se passe de l'institution du ministère public. Les poursuites sont exercées par les simples particuliers, tantôt au nom de leur intérêt personnel ou de l'intérêt de leurs proches, tantôt même au nom de l'intérêt général pour lequel ils prennent fait et cause. L'information est publique ; les témoins déposent, et leur témoignage est immédiatement contrôlé : point de juge spécial s'enfermant à huis clos avec son greffier et un témoin pour entendre la déposition de ce dernier, le presser de questions, le faire parler presque malgré lui, et revêtir ensuite sa déclaration des formes de son propre langage.

Ce régime, dit-on, a pour lui sa haute et antique origine. Il était celui de la Grèce : Athènes l'a transmis à Rome, et nos pères n'en ont pas eu d'autre avant que, par esprit d'imitation et un peu aussi par la pression de l'Église, on introduisît dans notre droit criminel les formes dures et mystérieuses de l'Inquisition : d'où le *régime inquisitorial*. Ce changement a commencé au xiiie siècle, et c'est à partir de là qu'on a vu s'établir peu à peu les enquêtes secrètes, les accusés sans défenseur, les jugements sans publicité, et à toutes les phases du procès, comme complément obligé, la torture.

L'avantage est donc tout entier pour le régime accusatoire ; il est d'ailleurs en pleine vigueur à côté de nous, chez nos modèles : il est celui de la noble et libre Angleterre.

A cela je réponds que ces souvenirs historiques me touchent peu. En ce qui concerne le Droit criminel, il ne faut rien demander ni à la Grèce ni à Rome. Quant aux premiers siècles de la monarchie française, ils ont été longtemps calomniés, cela est vrai ; et l'histoire aujourd'hui, faisant amende honorable, reconnaît qu'il y avait beaucoup de points lumineux au milieu des ténèbres du moyen-âge. Mais si une chose en était complétement absente, c'était une organisation raisonnable de la justice criminelle : aussi par ces poursuites abandonnées aux intérêts privés, par ces témoignages recueillis publiquement, sans enquête préparatoire en dehors des débats solennels, on était si peu sûr d'arriver à la vérité, que, pour convaincre le public et les juges, il fallait, quand tout le reste était reconnu impuissant, la déclaration de Dieu même se manifestant dans le combat judiciaire ou dans les épreuves plus barbares encore de l'eau et du feu. Voudrait-on y revenir ?

A Dieu ne plaise que je veuille préconiser le système inquisitorial avec la torture et ses autres abus ! Je considère pourtant ce régime comme présentant, relativement au régime accusatoire, un grand progrès. J'établis entre eux cette différence, que le dernier est essentiellement mauvais, en ce sens qu'il est impropre à la recherche de la vérité, tandis que le régime inquisitorial est au contraire excellent sous ce rapport, et ne devient mauvais que par les abus. Le principal de ces abus a été d'appliquer l'enquête secrète à toute la procédure, depuis le premier acte de l'information jusqu'au jugement définitif.

Maintenons donc la transaction faite par les auteurs du Code de 1808 entre les deux systèmes. Cette transaction est un trait de génie : car, en juxtaposant ces deux systèmes, défectueux chacun pris à part, on a créé, comme d'un seul jet, un système de procédure vraiment admirable, dans lequel il y a des imperfections, mais dont les éléments principaux sont inattaquables.

Quoi de plus rationnel que de faire précéder les débats publics d'une information secrète ? La publicité des débats, c'est la garantie de l'accusé ; l'instruction secrète confiée à un seul juge, c'est la garantie de la société tout entière : car par là seulement on peut espérer que les coupables seront trouvés et punis.

On n'imagine pas, quand on ne les a pas suivies de près dans leurs incidents si multipliés et si divers, combien les fonctions de juge d'instruction sont difficiles. C'est un indice à suivre ; c'est un témoin important dont il faut recueillir le récit pour le vérifier ensuite en le contrôlant par trois ou quatre autres témoins ; c'est, sur une déclaration imprévue, des pièces à conviction qu'il importe de faire saisir ; ce sont des complices qu'on signale et dont on doit s'assurer ; c'est une intrigue à dénouer, un fil dont il faut dévider l'écheveau sans qu'il se brise.

Pour tout cela il faut qu'une seule pensée dirige, et

2

qu'elle dirige avec autant de sagacité que de persévé-
rance. Il faut également le silence du cabinet, non-seulement pour méditer sur les éléments d'enquête que
l'on vient de recueillir et pour les coordonner, mais
même pour entendre les témoins, provoquer leurs
explications, éclaircir leurs témoignages, et les amener
à dire tout ce qu'ils savent, malgré la répugnance que
manifestent trop souvent ceux que la justice invite
à déposer devant elle.

Que d'habileté, de patience et d'habitude exige aussi
l'interrogatoire du prévenu! Il est des esprits qui ne
veulent point admettre qu'on ait le droit d'interroger
et qui repoussent, d'une manière absolue, ce moyen
puissant d'instruction. Ici encore l'abus seul est à
blâmer, et il est certain qu'on ne saurait frapper
de trop de réprobation ces interrogatoires captieux
et pressants par lesquels on chercherait à sur-
prendre un accusé ou à lui arracher des aveux.
Mais un interrogatoire loyal n'est-il pas dans le droit
naturel et indiqué par la raison même? N'est-il
pas indispensable quand on veut sérieusement découvrir la vérité? Et s'il est vrai qu'il est utile à la poursuite, n'est-il pas aussi vrai qu'il est nécessaire à la
défense?

Je vous accuse d'un meurtre. Comment ne vous di-
rai-je pas : « Où étiez-vous à l'heure où ce meurtre
« a été commis ? Tels et tels témoins vous ont vu sur le
« théâtre du crime ou en compagnie de la victime, peu
« d'instants avant l'événement : qu'avez-vous à ré-
« pondre ? »

Si vous êtes l'auteur du fait, j'avoue que votre réponse aidera puissamment l'accusation : car de deux choses l'une, ou vous avouerez, ou vous nierez ; et si vous niez, votre mensonge sera promptement découvert.

Mais si vous êtes innocent, de quel intérêt ne sera-t-il pas pour vous que cette question vous soit posée ? — « A l'heure du meurtre, répondrez-vous, j'étais à vingt lieues de là. » On vérifie, le fait est exact, et vous êtes justifié.

Non, je ne saurais comprendre une poursuite criminelle sans l'interrogatoire de l'inculpé. L'en dispenser, c'est chercher la vérité en dehors de ce qui peut nous l'apprendre, c'est vouloir le résultat sans les moyens, c'est empêcher l'innocent de produire sa justification immédiate, c'est s'exposer, pour je ne sais quelle raison qui m'échappe, aux plus déplorables erreurs.

VII.

L'INSTRUCTION PRÉPARATOIRE DOIT-ELLE DEMEURER SECRÈTE ?

Eh bien ! ces investigations, ces auditions de témoins, ces interrogatoires doivent-ils être publics ? Il
en est qui le soutiennent. Cette opinion me confond, je
l'avoue, tant je suis convaincu du contraire. Il est
toutefois bien entendu que je mets hors de question
les abus, car c'est précisément pour empêcher les
abus possibles du secret dans la procédure que je proposerai dans un instant des mesures dont l'exposé est,
après tout, l'un des motifs principaux de ce travail.
Mais ma raison refuse d'admettre la publicité de l'instruction préparatoire si l'on est animé d'un désir sincère de découvrir la vérité. Comment ferez-vous,
par exemple, si l'accusé a des complices ? Croyez-vous
que si un témoin vient tout à coup à révéler des indices de nature à mettre sur la trace de ces complices,
ceux-ci n'auront pas à l'audience des affidés intelli-
gents qui les préviendront, de manière à ce qu'ils puis-
sent ou fuir, ou faire disparaître à temps toutes les
pièces compromettantes ?

Vous imaginez-vous aussi que, les habitants de nos campagnes, toujours si craintifs quand il s'agit de s'expliquer au sujet d'un crime et qu'il est parfois si difficile de faire parler à l'audience publique, alors même qu'ils sont en quelque sorte liés par leurs déclarations écrites, vous imaginez-vous qu'ils parleront en présence de leurs voisins et de leurs amis, des voisins, des amis et des parents de l'accusé, et qu'ils ne renfermeront pas avec soin, dans le fond de leur pensée, tout ce qu'ils pourront se dispenser de révéler?

On objecte, il est vrai, l'exemple de l'Amérique et celui de l'Angleterre. J'ai le regret de n'avoir pas parcouru ces deux pays dont j'ignore même la langue, et de n'avoir pu, par conséquent, étudier sur place le mécanisme de leurs institutions judiciaires. Je ne les connais que fort imparfaitement par ce que les livres m'en ont appris. Ne voulant pas imiter ceux que je blâme en jugeant ce que je ne sais pas, je m'abstiendrai de toute critique ; je suis même tout disposé à admettre que la législation américaine et la législation anglaise sont aussi parfaites que possible pour des Américains et pour des Anglais.

Mais là n'est pas la question : il ne s'agit point de l'Angleterre ni de l'Amérique, mais de la France ; et comme je connais la France, j'affirme qu'avec son ardente curiosité pour pénétrer tous les mystères, sa soif de tout savoir, en même temps que son amour généreux de la justice pour la justice elle-même, elle n'acceptera jamais qu'un système de Procédure criminelle assez fortement organisé pour assurer la décou-

verte de tous les crimes et la punition de leurs auteurs. J'affirme en même temps qu'avec le caractère
et les mœurs de nos populations, leur honnête éloignement pour la délation, leur crainte de se trouver
mêlés à des procès criminels, leur tendance à tout laisser faire à un pouvoir central qui veille pour elles et
sur elles, presque jamais la vérité ne sera connue sur
les grands crimes, si l'on ne conserve l'institution d'une
procédure préparatoire et secrète précédant les débats
publics.

De sorte que s'il était question sérieusement, non pas
seulement d'accorder au prévenu des garanties contre les
abus possibles de la procédure secrète, ce qui est juste
et ce qui est indispensable, mais de supprimer entiè-
rement le secret de cette procédure, de laisser le public venir librement à la première enquête, de lui
permettre de suivre pas à pas l'instruction, de la ra-
conter et de la commenter dans les journaux ; si de
plus on voulait refuser au magistrat le droit de faire
des interrogatoires, et qu'on eût enfin la pensée d'introduire en France le mode de procéder des magistrats
anglais ou américains, tels qu'ils sont racontés avec
admiration dans bien des livres classés parmi les livres
sérieux, j'aimerais autant que l'on proposât la solution
d'un problème dont les termes seraient ceux-ci :

« Un crime étant commis, s'efforcer de n'en pas
« découvrir l'auteur; et l'auteur étant découvert,
« trouver le plus sûr moyen de lui procurer une impu-
« nité prompte et honorable. »

Nous conserverons donc les éléments principaux de

notre système actuel de procédure : c'est-à-dire la division de cette procédure en deux grandes périodes, l'information préparatoire qui restera secrète et les débats publics ; et aussi, pour diriger ou faire cette information préparatoire, deux magistrats ayant chacun leur mission spéciale, le ministère public chargé de requérir, et le juge d'instruction chargé de rechercher et de constater les preuves.

Je reprends maintenant mon hypothèse : je suppose que le procureur de la République, averti d'un crime, a saisi le juge d'instruction par un réquisitoire qui expose le fait et qui en désigne l'auteur présumé.

Que fera le juge d'instruction vis-à-vis de cet inculpé? Il a deux partis à prendre : le laisser en liberté ou le mettre en arrestation.

VIII.

DE LA DÉTENTION PRÉVENTIVE.

Ici je suis bien forcé de m'arrêter encore, car je me trouve en présence d'une des plus importantes questions du droit criminel, celle de la *détention préventive*. C'est la question la plus agitée dans ces derniers temps, et celle sur laquelle on a le plus écrit, parlé, raisonné, et bien des fois, hélas ! déraisonné. Je n'en connais pas en effet de plus grave, et pourtant j'ai l'intention de la traiter très-brièvement. La raison en est que je n'écris pas pour ceux qui soutiennent que la détention préventive est contraire au droit naturel, et qu'un inculpé ne doit dans aucun cas être privé de sa liberté. Ce sont les mêmes écrivains qui dénient à la société le droit de punir. A quoi bon alors invoquer la raison, l'histoire, la législation comparée, pour convaincre ceux qui, de parti pris, sont décidés à ne se point laisser convaincre ?

Je m'adresse à ceux qui pensent, comme moi, que la liberté individuelle doit être profondément respectée, mais qu'il est des cas où il y a nécessité d'y porter atteinte ; qu'on doit le faire, sans hésiter, dès que cette nécessité commence et tant qu'elle existe ; mais que dès qu'elle a cessé d'être, on doit rendre l'inculpé à la liberté.

Je pense enfin que l'appréciation des cas où la détention préventive est indispensable doit être abandonnée à la conscience du juge, sauf le droit de recours, et que ces cas sont tous compris dans l'une des
trois catégories suivantes :

1º Lorsqu'il s'agit d'un de ces faits odieux qui jettent
l'épouvante ou inspirent l'horreur, comme l'assassinat,
l'empoisonnement, l'incendie, etc. ;

2º Lorsque le maintien de l'inculpé en liberté dans
son pays, au milieu des siens, lui permettrait d'in-
fluencer les témoins, soit par la crainte, soit par la
séduction, et pourrait nuire, en paralysant leurs témoignages, à la manifestation sincère de la vérité ;

3º Lorsqu'enfin il est à craindre que cet inculpé ne
se soustraie, par la fuite, à l'action de la justice.

Hors ces cas, où il est évident que la détention préventive s'impose comme un mal nécessaire, l'inculpé
doit rester libre.

C'est au sujet de la réglementation de la détention
préventive et de la liberté provisoire, que de légitimes
reproches pouvaient être adressés aux rédacteurs du
Code de 1808. Du reste, dans la pratique, les juges
d'instruction, il faut bien le reconnaître, avaient exa-
géré plutôt qu'atténué les sévérités de la loi, et généralement ils se montraient trop peu soucieux des
intérêts de la liberté individuelle. De là surtout est
venue cette réaction qui, outrepassant le but comme
toute réaction, a soulevé contre le système entier de
notre procédure criminelle les plus amères et parfois
les plus injustes critiques.

Le Code de 1808 avait établi trois sortes de mandats d'arrestation qui ont été maintenus : le mandat d'arrêt, le mandat de dépôt et l'ordonnance de prise de corps. Le plus solennel des trois, le mandat d'arrêt, ne peut, comme on sait, être décerné par le juge d'instruction que sur les conclusions conformes du ministère public, et de plus , comme garantie , il doit renfermer l'exposé sommaire du fait incriminé et l'indication du texte de la loi pénale ; le mandat de dépôt peut être décerné par le juge d'instruction seul, quand il lui plaît, pourvu que l'inculpé ait subi un interrogatoire préalable ; enfin l'ordonnance de prise de corps n'est qu'un mandat d'arrestation que décerne ou que s'approprie la chambre du conseil ou la chambre d'accusation lorsqu'elle renvoie l'inculpé devant le tribunal compétent. C'est le même effet, produit par la même cause, sous un autre nom.

Or, n'est-il pas évident qu'il était à la fois cruel et illogique de permettre au magistrat de décerner ces mandats et de ne pas lui permettre de les lever ? Comment ! on n'admettait pas qu'il pouvait s'être trompé, le reconnaître ensuite et le regretter ; que l'enquête, en éclaircissant l'affaire, pouvait dissiper les soupçons qui s'étaient élevés contre l'inculpé détenu ; qu'enfin, par une cause quelconque, l'incarcération de cet inculpé, d'abord nécessaire, était devenue inutile ?

C'est un hommage que je rends volontiers aux législateurs de 1856 et des années suivantes, d'avoir compris qu'il fallait corriger cette anomalie de la loi et d'avoir, par des lois successives, facilité la liberté provisoire en permettant la levée des mandats d'arrestation en tout état de la cause, avec ou sans caution. Voilà une réforme utile et saine, à laquelle applaudissent à la fois la logique et l'humanité ; mais il y a place encore, sur ce même point, à des améliorations.

IX.

DU MANDAT D'ARRESTATION

Ainsi, je voudrais qu'on effaçât les distinctions un peu subtiles qui existent entre les trois sortes de mandats d'arrestation : il n'y en aurait plus qu'un seul qui porterait le nom de *mandat d'arrêt* et contiendrait toujours l'exposé sommaire du fait incriminé et l'indication de la loi pénale.

Ce mandat pourrait être décerné par le juge d'instruction ou par la chambre du conseil (dont je demanderai plus loin le rétablissement et la réorganisation), ou par la chambre d'accusation, ou bien enfin par le tribunal correctionnel, et cela, en quelque point que fût arrivée l'affaire.

A ce droit de décerner, en tout état de cause, le mandat de dépôt, correspondrait le droit de le lever, ou d'accorder la liberté provisoire, également en tout état de cause, avec ou sans caution. Dans tous ces cas, le juge d'instruction, la chambre du conseil, la chambre d'accusation, le tribunal correctionnel ou la Cour jugeant sur appel, n'auraient pas besoin d'attendre les réquisitions du ministère public : ils jouiraient d'une liberté à laquelle leur conscience seule imposerait des limites.

Je n'ai pourtant pas l'intention de laisser sans contre-poids un pouvoir aussi étendu. A ne considérer quant à présent que les actes du juge d'instruction, son autorité, dont il y aurait à craindre l'abus, trouverait un contrôle suffisant dans le droit que je reconnaîtrais au ministère public, au prévenu, et même à la partie civile de former opposition à tous les actes qu'ils jugeraient de nature à leur porter préjudice. Mais il ne suffit pas d'énoncer ce grand principe ; il faut prouver combien il est nécessaire qu'il soit appliqué, et comme il serait d'une application facile.

Je reprends donc mon hypothèse d'une instruction ouverte et d'un inculpé arrêté. On admettra bien que le procureur de laRépublique et le juge d'instruction peuvent se tromper, que la poursuite peut être illégale, et que, dans le cas même où elle serait légale, la mise en arrestation de l'inculpé peut être une mesure inutile et, par cela seul, vexatoire. Il faut donc que l'inculpé soit mis à même de protester contre cette poursuite illégale ou contre cette incarcération abusive.

Pour cela trois conditions sont indispensables : il faut qu'il sache quel est son droit, il faut qu'on lui donne la possibilité d'exercer ce droit, et enfin qu'on organise la juridiction devant laquelle son opposition sera portée.

Pour qu'il connaisse ses droits, il est évident qu'il faut qu'on les lui dise ; et comme on ne peut charger de

ce soin ni le ministère public ni le juge d'instruction,
puisqu'il s'agit de se garantir de leurs erreurs com-
mises de bonne foi, il en résulte la nécessité, dès
le moment de l'arrestation, de pourvoir l'inculpé d'un
défenseur qui prendra ses intérêts en main jusqu'à la
clôture de l'information préparatoire.

X.

DE LA NÉCESSITÉ DE POURVOIR L'INCULPÉ D'UN DÉFENSEUR.

Ce que je reproche aux rédacteurs du Code d'instruction criminelle et aux réformateurs qui depuis quatorze ans ont prétendu l'améliorer, c'est que ni les uns
ni les autres n'ont compris que la justice ne serait
égale pour tous qu'autant que tous les prévenus,
instruits ou ignorants, riches ou pauvres, seraient
également mis en mesure de se défendre contre les
poursuites dont ils pourraient devenir l'objet. On a
adopté sans examen cet axiome que : *Nul n'est censé
ignorer la loi*, et on n'a pas vu que cette présomption,
qui doit être acceptée comme une vérité en matière de
droit civil, n'est presque toujours, en droit criminel,
qu'une fiction des plus dangereuses. En matière civile,
en effet, on peut toujours s'instruire de ses droits en
consultant un homme d'affaires, et même dès qu'un

procès s'engage, la personnalité du plaideur disparaît derrière celle de son mandataire légal, c'est-à-dire de l'avoué qui le représente.

Tant qu'un inculpé demeure libre, il peut aussi prendre des conseils ; mais si on l'arrête et si c'est un homme illettré, surtout s'il est pauvre, étranger au pays, sans famille qui s'occupe de lui et qui agisse pour lui, dira-t-on qu'il n'est pas censé ignorer la loi, et qu'il doit s'imputer de n'avoir pas proposé les défenses ou soulevé les exceptions dont il pouvait justement se prévaloir ? La loi a donc été d'une imprévoyance cruelle en n'assurant pas à l'inculpé détenu les secours éclairés dont il peut avoir besoin. Je voudrais que, dans les vingt-quatre heures de son arrestation, tout inculpé fût interrogé, et qu'à la suite de cet interrogatoire, le juge d'instruction, à peine de nullité, lui désignât un avocat d'office s'il n'en avait pas choisi lui-même.

L'avocat ainsi choisi ou nommé d'office aurait à remplir pendant toute la durée de l'information un rôle qui tour à tour, suivant les circonstances, serait *officieux* ou *officiel*. Comme le secret de la procédure devrait être maintenu, même à son égard, jusqu'à sa clôture, parce que, je le répète encore, ce secret est indispensable à la recherche efficace de la vérité, l'avocat ne pourrait guère, jusque-là, qu'agir officieusement auprès du juge d'instruction, soit pour le prier de hâter l'information, soit pour lui demander de faire entendre des témoins qui lui auraient été désignés par son client comme pouvant fournir des témoignages utiles à sa justification. Voilà ce que j'appelle le rôle officieux du défenseur, qui serait rendu facile par les bonnes relations qui existent presque partout entre la magistrature et le barreau.

Quant au rôle *officiel*, il commencerait toutes les fois que pendant la durée de l'information le défenseur jugerait nécessaire de faire opposition à l'un des actes du juge d'instruction, soit qu'il eût à solliciter la levée du mandat d'arrêt, soit qu'il crût indispensable l'audition de certains témoins que le juge d'instruction, malgré la demande de l'inculpé, aurait refusé d'entendre, soit qu'il s'agit d'une expertise à laquelle ce magistrat n'aurait pas voulu faire procéder, soit enfin (ce qui peut arriver plus fréquemment qu'on ne pense, car on ne se doute pas de l'importance et du nombre des questions qui se présentent parfois au début d'une procédure criminelle), soit que la poursuite elle-même dût être arrêtée dès son commencement, comme illégale. Ainsi, par exemple, il peut se faire que l'action publique soit éteinte par la prescription, ou par l'exception de la chose jugée, ou par l'amnistie : ou bien elle est subordonnée à la plainte de la partie lésée et aucune plainte n'a été portée ; ou bien il s'agit d'une suppression d'état, et les tribunaux civils n'ont pas encore statué sur la question d'état, ou il s'agit de la violation d'un contrat dont il n'existe ni preuve écrite ni commencement de preuve par écrit ; ou enfin le fait poursuivi n'est point qualifié par la loi, etc., etc. Je ne donne ici qu'un aperçu des difficultés sans nombre qui peuvent surgir au début d'une information, et des exceptions qu'un inculpé peut avoir intérêt à faire valoir. Comment voulez-vous qu'un détenu les

connaisse et les fasse valoir, s'il n'est assisté d'un
habile et dévoué défenseur qui le visite, l'interroge, le
conseille et prenne en main ses intérêts pour les défendre auprès du juge d'instruction ou pour déférer au
besoin à la juridiction supérieure les actes de ce dernier, s'il éprouve une résistance compromettante pour
les droits de son client ?

XI.

DU RÉTABLISSEMENT DE LA CHAMBRE DU CONSEIL AVEC DES ATTRIBUTIONS NOUVELLES.

Mais quelle sera cette juridiction supérieure? Ici
encore j'ai à proposer une innovation considérable, sans
laquelle le droit d'opposition resterait, comme sous
l'ancien Code d'instruction, à l'état de théorie pure,
et ne pourrait être appliqué.

En effet, d'après le Code, la chambre des mises
en accusation pouvait seule statuer sur les oppositions faites aux ordonnances du juge d'instruction. Figurez-vous ce que devait être l'exercice de
ce droit il y a trente ans, avant que les chemins de
fer eussent sillonné en tous sens le territoire? Une
opposition était-elle formulée, il fallait rédiger des
mémoires, envoyer le dossier à la cour, suspendre
par conséquent l'instruction et attendre pendant huit

jours au moins que la question pendante, qu'elle fût d'ailleurs importante ou secondaire, eût été réglée. Aujourd'hui ce délai serait moindre; mais on perdrait certainement encore trois ou quatre jours. Si l'inculpé avait à exercer ce droit plusieurs fois, que deviendrait une information ainsi morcelée ?

Aussi la jurisprudence et quelques auteurs en étaient-ils venus à nier l'existence du droit lui-même. L'eussent-ils reconnue, le résultat eût été le même : car, en fait, dans de telles conditions, son exercice n'était pas possible. Or il est pourtant certain que le droit d'opposition à tous les actes du juge d'instruction est une des garanties nécessaires de la liberté individuelle.

Je voudrais donc que ce droit fût hautement reconnu, et que toute opposition faite à l'un des actes du juge d'instruction fût jugée contradictoirement, sans retard, sans déplacement du dossier et sans frais, par une juridiction placée tout près du juge d'instruction et de la partie opposante, c'est-à-dire par le seul tribunal qui puisse offrir ces avantages, par cette chambre du conseil que l'on a si malencontreusement détruite. Je demande en conséquence, non pas seulement qu'elle soit rétablie, mais qu'elle soit réorganisée avec une extension d'attributions.

Ainsi l'ancienne chambre du conseil ne s'occupait de l'affaire que lorsque la procédure était close : je voudrais qu'elle eût le droit d'intervenir pendant l'information même, toutes les fois qu'il y aurait une opposition faite à l'un des actes du juge d'instruction de la part du ministère public, de la partie civile ou de l'inculpé.

3

Je voudrais même qu'elle ne statuât que contradictoirement, après avoir entendu l'opposant, le juge
d'instruction et le ministère public.

J'ajoute que j'étendrais cette obligation d'une décision
contradictoire au cas où la chambre du conseil rentrerait
dans son ancien rôle et s'occuperait de statuer sur la procédure après qu'elle serait terminée. Le *soit communiqué* du juge d'instruction aurait pour résultat de faire
donner communication de la procédure tant au ministère public qu'au défenseur de l'inculpé, et le rapport
du juge à la chambre du conseil devrait être fait en
présence des parties intéressées, ou elles *dûment
appelées*.

Je me sers avec intention de l'expression *dûment
appelées*, car il est évident que dans la pratique le procureur de la République et le défenseur n'assisteront pas
toujours aux rapports du juge d'instruction : il y a des
affaires tellement simples qu'elles ne peuvent donner
lieu à aucune observation et qu'on perdrait à en écouter le rapport, un temps précieux. Mais le droit serait
reconnu, et ce droit, dont on userait dans les affaires
graves, constituerait certainement pour l'inculpé la plus
sérieuse des garanties.

J'aimerais aussi, comme complément, que la chambre du conseil pût réagir sur l'instruction elle-même
en ordonnant, par exemple, qu'elle serait ouverte de
nouveau, et que le juge d'instruction serait enjoint de
faire tel ou tel acte qu'il aurait omis ou négligé, comme
par exemple de compléter l'information par l'audition
d'un témoin dont la déposition serait jugée nécessaire.

La pensée qui me domine, quand je multiplie ainsi les

formalités protectrices, c'est qu'elles doivent servir non-
seulement à garantir la liberté individuelle contre des
abus qui deviennent fréquents dès qu'ils sont possibles,
mais à sauvegarder la société contre l'erreur judiciaire.
Si donc la chambre du conseil ayant rendu son ordonnance définitive, je pose la question de savoir si le
prévenu renvoyé en police correctionnelle doit avoir
le droit de former opposition à cette ordonnance :
je n'hésite pas à répondre *oui*, et je répète encore, en
lui donnant sa plus large formule, mon principe qui est
celui-ci :

« Le prévenu a le droit d'opposition contre tous les
« actes du juge d'instruction et contre toutes les déci-
« sions de la chambre du conseil qui lui portent pré-
« judice. »

XII.

DU DROIT D'OPPOSITION A L'ORDONNANCE DÉFINITIVE DE LA CHAMBRE DU CONSEIL.

Ce droit d'opposition à l'ordonnance définitive de la
chambre du conseil était fort contesté avant 1856 ; en
général même, il n'était pas admis, et le nouvel art. 135
l'a formellement dénié au prévenu, sauf les cas où il
s'agit de la compétence et de la liberté provisoire.

Je comprends les motifs du législateur qui s'est dit :
A quoi bon accorder ce droit? C'est embarrasser la
procédure d'un rouage inutile, puisque l'ordonnance n'a
rien de définitif au fond, et que bientôt le prévenu sera
admis à produire devant le tribunal même tous ses
moyens de justification.

Je comprends, dis-je, cette manière de voir ; mais
j'ai plusieurs motifs pour ne pas la partager. Le premier,
celui qui me touche le plus, c'est qu'il peut y avoir parfois un grand intérêt pour la manifestation de la vérité
à provoquer un nouvel examen de l'affaire, avant les débats publics. La crainte des erreurs judiciaires me tour-
mente toujours ; or, je ne saurais trop le redire, c'est
par l'instruction préparatoire seule qu'on arrive à la
vérité tant souhaitée. Dans les débats publics, elle se
manifeste avec éclat ; mais si l'information préalable et
secrète n'a pas tout découvert, tout vérifié, tout connu,
il est bien à craindre que ce qui est resté obscur pour
le juge d'instruction ne demeure obscur pour le tribunal.
Or, il peut se faire que le juge d'instruction et la chambre
du conseil aient refusé à tort d'écouter les réclamations
du prévenu : soit qu'on n'ait point voulu faire entendre
les témoins à décharge dont il demandait l'audition ; ou
bien, qu'après une longue expertise dont il contestait les
résultats, on lui ait refusé une contre-expertise qu'il con-
sidérait comme indispensable à sa défense. Il est possible,
sans doute, que la chambre d'accusation soit du même
avis que le juge d'instruction et la chambre du conseil ;
mais pourquoi ne pas lui soumettre la question plutôt
que d'exposer le tribunal correctionnel à suspendre
pendant quelques jours les débats pour faire faire, par

exemple, la longue expertise ou la contre-expertise que réclamait le prévenu?

Supposons maintenant que ce prévenu soit réellement innocent : ne peut-il pas avoir un puissant intérêt à ne pas comparaître en police correctionnelle? Sa justification, dira-t-on, sera plus éclatante si son innocence est solennellement proclamée : ce sera là la véritable réparation de l'injure que lui aura faite la poursuite.—Est-ce bien sûr? Combien trouverez-vous au contraire d'inculpés qui aimeront mieux ne pas s'asseoir du tout sur les bancs de la police correctionnelle, à cause de la honte que l'on y trouve et dont on ne se débarrasse plus ?—Le jugement sera retardé, direz-vous; la détention préventive sera plus longue. — C'est vrai, mais qu'importe? Puisqu'il en sera ainsi par le fait même des prévenus et de leur opposition, ils ne pourront en faire de reproches à personne.

Enfin n'y a-t-il pas des cas où l'inculpé peut avoir un grand et légitime intérêt à faire réviser par la chambre des mises en accusation l'ordonnance de la chambre du conseil, alors même qu'elle le décharge des poursuites ? Je le suppose innocent ; mais l'ordonnance définitive admet une exception légale, et, dans ses motifs, elle laisse subsister des doutes sur sa culpabilité. Comment lui refuser le droit d'opposition pour faire réformer les motifs de cette ordonnance qui doit rester au greffe et marquer son nom de la flétrissure du soupçon?

En me plaçant à un autre point de vue, je comprends qu'à l'époque où a été rédigé le Code d'instruction on ait attaché peu d'importance à ce droit d'opposition.

Les simples délits, justiciables de la police correctionnelle, étaient alors moins nombreux que de nos jours, et surtout ils étaient moins graves ; enfin la publicité donnée par la presse à ces sortes d'affaires était à peu près nulle, et le bruit n'en allait guère au delà des lieux où le fait s'était accompli et où la poursuite était exercée.

Les délits étaient moins nombreux et moins graves, d'abord parce que beaucoup de faits ainsi qualifiés aujourd'hui, et renvoyés en police correctionnelle, étaient alors classés parmi les crimes. Ils étaient surtout moins graves par cette autre cause que la richesse mobilière était alors peu développée. Mais l'immense accroissement de cette sorte de richesse, la création incessante des valeurs industrielles, les changements inouïs survenus dans nos moyens de correspondance et de transport, ont donné un développement jusqu'alors inconnu à cette classe de délits où la fraude joue le premier rôle, spéculant sur la crédulité publique et sur la folle ardeur qui porte vers la fortune facile. Ainsi l'escroquerie, l'abus de confiance, la banqueroute, ont pris quelquefois de telles proportions, que des faits jugés par les tribunaux correctionnels ont eu, non-seulement en France, mais dans toute l'Europe, un retentissement égal à celui des plus grands crimes. Il est par suite devenu nécessaire de donner au prévenu, s'il les réclame, les mêmes garanties qu'on accorde à l'accusé, celles d'un examen définitif de la procédure par la chambre d'accusation.

XIII.

DE LA NÉCESSITÉ DE TENIR L'INCULPÉ AU COURANT
DES DIVERSES PHASES DE LA PROCÉDURE.

Non—seulement le Code d'instruction dénie au prévenu le droit d'opposition à l'ordonnance de mise en prévention; non-seulement, dans les cas où le droit d'opposition n'est pas dénié, il ne prend pas soin de le rendre praticable, mais il est à remarquer qu'il ne se préoccupe nullement de faire connaître à l'inculpé ce qui l'intéresse le plus et ce qu'il le a droit incontestable de connaître, c'est-à-dire le fait dont on l'accuse, les charges élevées contre lui et l'état de la procédure. Ce qui m'étonne plus encore que l'incurie du Code à cet égard et l'abandon où il laisse le malheureux inculpé, c'est que ce déplorable état de choses ait échappé jusqu'à présent à tous ceux qui ont eu la prétention d'améliorer notre législation criminelle.

Lors de son arrestation, l'inculpé est interrogé, il est vrai, et à ce moment on lui fait connaître sommairement ce dont on l'accuse. Mais après ce premier interrogatoire, la loi permet qu'on le laisse dans une complète ignorance de tout ce qui va suivre. L'affaire peut changer de face, et la qualification définitive devenir tout autre qu'à l'origine de la poursuite, la loi n'oblige point à l'en instruire.

Ainsi, la procédure est close et le juge d'instruction

rend son ordonnance de *soit communiqué* ; le prévenu n'en sait rien. Le ministère public dépose son réquisitoire définitif sans le lui faire connaître ; enfin le juge d'instruction rend son ordonnance de renvoi en police correctionnelle sans qu'on se préoccupe de le faire savoir au prévenu autrement que par l'assignation, laquelle sera régulièrement donnée si trois jours francs s'écoulent entre la notification qui en sera faite et le jour de l'audience.

Si l'affaire est de nature à être portée aux assises, la loi ne prend pas plus de souci de faire connaître à l'accusé, soit l'ordonnance définitive du juge d'instruction, soit l'envoi du dossier à la Cour, soit même l'arrêt de renvoi et l'acte d'accusation. Il est bien écrit dans la loi qu'il pourra produire un mémoire ; mais aucune mesure n'est prise pour assurer l'exercice de ce droit, et faire connaître à l'intéressé le jour où la chambre d'accusation devra statuer sur l'ordonnance. En un mot, depuis le moment de son arrestation jusqu'au cinquième jour avant sa comparution devant le jury, aucune disposition du Code ne protége l'accusé contre l'ignorance profonde où il peut être laissé sur son sort.

Telle est la théorie, et il faut avouer qu'elle n'est pas suffisamment corrigée par la pratique. Presque toujours il est vrai, l'inculpé est interrogé plusieurs fois, et beaucoup de juges d'instruction ont l'excellente habitude de clore l'information par un interrogatoire final dans lequel ils relèvent minutieusement toutes les charges qui se sont produites. Mais ils n'y

sont pas obligés et tous ne le font pas : il en est même
qui, se croyant habiles, évitent soigneusement de con-
fronter le prévenu avec les témoins, de provoquer ses
explications, et de lui poser des questions de nature
à lui laisser deviner la pensée de l'accusation, pour
qu'il ne puisse pas se créer un système de défense. Dans
leur endurcissement naïf, ils s'imaginent qu'ils sont à
la guerre et qu'ils ont le droit de préparer des batteries
cachées qui, se démasquant aux débats, porteront le
trouble et la confusion chez l'ennemi.

Et ce qu'il y a de plus triste et de plus grave, c'est
que les prévenus qui sont le plus à la merci du juge
d'instruction et du procureur de la République sont précisément ceux qui auraient le plus grand besoin d'une
protection efficace et d'un guide éclairé : ce sont les
malheureux que l'on arrête pour un crime ou pour
un délit et qui, étant étrangers, n'ont dans le pays ni
un parent ni un ami.

Sur les autres, la famille et l'amitié veillent ; on con-
sulte pour eux, on fait pour eux d'actives démarches,
on se tient au courant des progrès de la procédure, et
voilà pourquoi on s'aperçoit peu, en réalité, de ces
lacunes que la loi imprévoyante n'a pas su combler.

Supposez au contraire que tout individu arrêté soit
immédiatement pourvu d'un défenseur, et la position de tous les prévenus deviendra égale par
le fait, comme elle l'est par le droit. La défense
sera intelligente, opportune, libre, complète ;
elle se produira à tous les degrés de l'information,
devant le juge d'instruction, comme devant la chambre

du conseil ; et enfin, au besoin, elle aura recours à l'autorité imposante et impartiale de la chambre des mises en accusation, qui, réorganisée de son côté suivant une pensée que je ferai bientôt connaître, dominera de sa hauteur tout l'ensemble du système. Quelles garanties plus sérieuses pourrait-on imaginer ?

Me voici donc au seuil de la chambre d'accusation. Cependant je ne le franchirai point encore : car avant de m'occuper de l'organisation de cette chambre et des cours d'assises, je veux en finir avec quelques points relatifs aux poursuites correctionnelles.

XIV.

DE LA CITATION DIRECTE.

Outre les affaires qui nécessitent, par leur complication, une information préalable et souvent l'arrestation préventive de l'inculpé, il en est qui sont tellement simples qu'on peut les porter directement devant le tribunal correctionnel. De là le droit de *citation directe* accordé au ministère public et à la partie civile. Il n'est guère à craindre que le premier en abuse : d'ailleurs le prévenu, restant nécessairement en liberté, peut s'entourer de conseils, et provoquer devant le tribunal toutes les mesures utiles à sa défense.

Cependant s'il n'est pas probable qu'un procureur de la République abuse du droit de citation directe pour exercer contre un individu des poursuites vexatoires, cet abus est possible (quoique je n'en connaisse pas d'exemple), et il serait sage que la loi, qui doit tout prévoir, y pourvût.

On pourrait organiser facilement un droit de recours devant la chambre criminelle de la Cour de cassation, laquelle recevrait directement la plainte et, après enquête faite soit par elle-même, soit par délégation donnée à l'un des membres de la chambre d'accusation de la Cour d'où ressortirait le procureur de la République attaqué, statuerait, et s'il y avait lieu, prononcerait une peine disciplinaire et même, au besoin, des dommages intérêts.

La partie civile est souvent, au contraire, fort indiscrète dans ses poursuites, et les tribunaux correctionnels de province sont fréquemment témoins de ces haines de village qui tiennent à faire asseoir sur le banc des prévenus l'objet de leur animadversion. C'est un mal dont le remède me paraît facile à trouver. Je voudrais que lorsqu'il serait établi qu'une demande reconventionnelle du prévenu ne pourrait produire aucun effet, parce que le poursuivant serait insolvable, il fût permis au tribunal de prononcer d'office une peine d'emprisonnement contre ce poursuivant téméraire et de mauvaise foi.

J'ai dit, il y a un instant, que le prévenu cité directement en police correctionnelle, sans information préalable, restait en liberté. J'insiste sur ce point pour faire remarquer qu'un des principes essentiels de notre droit criminel, c'est qu'il ne peut jamais être porté atteinte à la liberté individuelle que par le juge d'instruction. La loi s'est défiée, non des sentiments et des lumières du procureur de la République, mais de son ardeur, et elle a pensé justement qu'il fallait confier à un autre magistrat qu'à celui qui poursuit, le droit d'arrestation, pour que la liberté des citoyens fût complétement garantie.

XV.

DE LA LOI DITE DES *flagrants délits*.

Ce principe tutélaire a subsisté dans son intégrité jusqu'à la loi des *flagrants délits* du 20 mai 1863: cette loi lui a porté la première atteinte en conférant au procureur de la République, dans certains cas, le droit de dé-

cerner mandat de dépôt contre l'inculpé. Cette disposition et celle qui dispense du délai de trois jours entre
la citation et l'audience en sont les principales innovations. La pensée de ses rédacteurs a été de faire
en sorte que le châtiment suivît immédiatement la
faute : ils ont voulu amener dans les affaires une
célérité presque idéale, de manière que dans la
même journée, dans l'intervalle de quelques heures,
un délit étant commis, l'enquête préalable fût faite, le
prévenu arrêté et interrogé, les témoins produits à l'audience et la condamnation prononcée. C'est une impor-
tation anglaise que de nombreux écrits avaient prônée à
l'avance comme devant être introduite à tout prix dans
nos mœurs, où le désir d'en jouir ne semblait pas encore
avoir pénétré.

Aussi cette loi des flagrants délits a-t-elle été votée
avec enthousiasme par le Corps législatif ; et peu après
sa promulgation, des écrivains et des magistrats l'ont
célébrée avec un enthousiasme non moins grand,
comme une conquête réelle, et un premier pas vers un
avenir encore meilleur.

Je parlerai donc de cette loi avec tout le respect dû
aux convictions de ceux qui l'ont faite et de ceux qui
l'admirent. Mais comme je suis loin de partager cette
admiration, et que je me dois à moi-même de respec-
ter mes propres convictions, je me propose d'en parler
avec une entière liberté.

Cette loi m'a toujours paru mauvaise : je lui reproche d'être à la fois *inutile* et *dangereuse*. Elle était
inutile ; car à quoi bon faire une loi et déroger à l'un
des grands principes de notre droit pour arriver à un

résultat qu'on pouvait atteindre au moyen d'une simple circulaire ministérielle? Voulait-on que l'affaire fût jugée, sans perte de temps, aussitôt après la clôture de l'information? Au lieu de décréter que le tribunal se tiendrait en quelque sorte en permanence, ce qui dans le fait n'est pas possible, on pouvait ordonner qu'il y aurait, par semaine, deux ou trois audiences correctionnelles, comme par exemple le lundi, le mercredi et le vendredi. Voulait-on affranchir le prévenu de ce délai de trois jours entre la citation et l'audience, délai qui d'ailleurs a été établi uniquement dans son intérêt par la sagesse de nos pères? Il suffisait de demander au prévenu s'il voulait bien renoncer à ce délai.

On n'a point songé à ces moyens si faciles, j'en suis convaincu. On n'a vu qu'une chose : l'abréviation des délais, à l'exemple de l'Angleterre. On n'a pas considéré que chaque affaire, quelque simple qu'elle soit, a besoin d'un temps moral pour être suffisamment instruite, et on s'est moins préoccupé de juger bien que de juger vite. Or, d'après les lois de l'intelligence, comme d'après celles du monde physique, « ce que l'on gagne en vitesse, on le perd en force », et il est impossible que, parmi tant de jugements précipités, il n'y en ait pas beaucoup de mauvais. Je crains même qu'on ne commette, plus souvent qu'on ne le croit, des erreurs judiciaires au premier chef, en condamnant comme coupables des innocents.

J'en sais plusieurs exemples, et j'en citerai deux. Le premier est tout à fait à la charge de la loi des flagrants délits.

Une pauvre vieille fille est surprise ravageant un champ voisin de la ville où elle est domiciliée : on lui fait des remontrances, elle s'obstine, recommence à plusieurs reprises, et injurie le garde champêtre. On l'arrête, on la traduit le lendemain en police correctionnelle, où elle comparaît sans défenseur ; on relève dans sa conduite cinq délits différents, et on la condamne à trois mois d'emprisonnement.

Sa famille l'apprend, s'inquiète, lui fait faire appel et la pourvoit d'un défenseur. La cour l'acquitte en constatant qu'elle était folle depuis quelque mois, et qu'elle n'était pas responsable de ses actes. Si l'on eût pris le temps de se mieux renseigner, n'aurait-on pas évité cette erreur judiciaire ?

Voici un second exemple de jugement précipité. Un ouvrier trouvé dans une campagne sans papiers et sans argent, est arrêté comme vagabond. Il soutient qu'il a travaillé dans deux villes qu'il désigne, chez des patrons qu'il nomme. Il n'avait quitté, dit-il, que depuis huit jours la dernière de ces deux villes, où il avait travaillé pendant six mois consécutifs. On prend des renseignements. De la première ville, on répond que cet homme est inconnu ; de la seconde on ne répond pas. L'inculpé proteste toujours ; mais le juge d'instruction, au lieu d'écrire de nouveau et d'attendre la réponse demandée, passe outre, et règle la procédure. Comment faire autrement ? Les circulaires sont pressantes, et la statistique impitoyable est là, prête à mal noter les juges quand l'information dépasse une certaine durée.

On a tellement besoin d'aller vite, que comme le juge

d'instruction avait eu la bonté d'attendre pendant quelques jours la réponse espérée par l'inculpé, on se hâte de réparer ce temps perdu. Dès que l'ordonnance est rendue, on fait renoncer le prévenu au délai de trois jours, et il comparaît à l'audience, *sans défenseur*.

Cependant les renseignements ne sont pas arrivés, et le tribunal, sur la demande du prévenu, consent à un sursis de huit jours. La huitaine expirée, le procureur de la République n'a rien reçu encore de son collègue. Cependant le tribunal délibère, et je suppose qu'il raisonne ainsi : « Puisque les renseignements venus de la première ville n'ont pas confirmé les allégations du prévenu, il est probable que de la seconde ville, si on répondait, viendrait semblable réponse. Il est donc probable que cet homme est un vagabond, et c'est tellement probable que cela doit être vrai. » Puis le tribunal rend son jugement par lequel cet individu, domicilié, marié, ayant une profession, sans antécédents judiciaires, est condamné, pour vagabondage, à quatre mois d'emprisonnement.

Mais le lendemain surviennent au parquet les renseignements de la seconde ville, et ils justifient si complétement le condamné de la veille, que le procureur de la République lui fait faire immédiatement appel. Il n'est pas besoin de dire que la cour, en l'acquittant, s'est empressée de réparer l'erreur des premiers juges.

Voilà ce que j'ai appris de source certaine. — Est-ce clair ? Et faut-il s'étonner encore qu'après avoir établi que la loi des flagrants délits était *inutile*, je soutienne qu'elle est *dangereuse* ? Ses inconvénients se font pourtant moins sentir qu'on ne pourrait le croire ; et par une raison bien simple : c'est qu'en province elle est très-rarement appliquée.

Mais je sais qu'à Paris et dans les très-grandes villes comme Lyon, Marseille, Lille, Bordeaux, Nantes, on y tient, parce qu'elle facilite ce qu'on appelle le *petit parquet*, cette sorte d'instruction préparatoire et sommaire faite par un substitut qui, restant au palais pour ce service du matin au soir, reçoit les plaintes et les procès-verbaux, interroge les inculpés, les relaxe ou les retient, suivant la gravité de l'affaire et les charges relevées contre eux.

Ne pourrait-on pas, à côté du cabinet du substitut, avoir un autre cabinet où se tiendrait un juge d'instruction chargé de commencer de suite l'information contre les inculpés que lui enverrait M. le substitut, avec un réquisitoire tendant à ce qu'ils fussent mis en état d'arrestation préventive ? Cela entraînerait peut-être la création d'un ou de deux juges d'instruction de plus dans ces grandes villes; mais cela vaudrait mieux que de porter atteinte à un grand principe, protecteur de la liberté individuelle, et de confier au même magistrat le droit de poursuivre et le droit d'instruire l'affaire, avec le pouvoir considérable de décerner mandat de dépôt.

Dans ma pensée, qui est, je puis l'affirmer, celle de tous les magistrats français, il n'y a pas, en matière criminelle, de petites affaires. Celles auxquelles on inclinerait à donner ce nom, si elles ne sont pas grandes aux yeux du public, le sont pour le prévenu dont l'honneur, et si ce n'est l'honneur qu'il peut avoir déjà perdu, dont la liberté du moins et l'avenir sont toujours en jeu. Lors même qu'il s'agit d'un de ces malheureux que de nombreuses condamnations ont frappé, il importe de connaître ses antécédents, sa moralité, ses penchants; il faut ouvrir en quelque sorte son cœur pour lui tenir compte de tout : de son éducation, des exemples qu'il a reçus, des passions qui l'ont entraîné, des facilités ou des obstacles qu'a rencontrés, depuis sa première faute, sa réhabilitation morale. Cet examen demande un certain délai ; et s'il faut éviter qu'un seul instant perdu retarde inutilement l'heure de la justice, il faut par-dessus tout se garder d'une hâte qui serait nécessairement exclusive de la maturité de la décision.

En Angleterre, dit-on, le point de vue est différent. Comme l'institution du ministère public représentant et défenseur de la société tout entière y est inconnue, et qu'on livre à l'intérêt individuel le soin de la poursuite, il arrive, par une conséquence naturelle de cette idée, que l'on n'a point à se préoccuper au même degré de la moralité du coupable et qu'on s'inquiète peu de ses antécédents pour décider de son avenir. L'intérêt individuel n'a que faire de ces considérations : il lui suffit de prouver qu'un fait délictueux a été commis à son préjudice et qu'on a le coupable sous les yeux. On conçoit alors que l'on juge très-vite.

Gardons notre spiritualisme ; il est l'honneur de la

nation. C'est cette idée si élevée de ses devoirs, cette
méditation continuelle des plus hautes pensées, ces
efforts pour s'approcher aussi près que possible, sans
espoir de jamais l'atteindre, du type de la justice absolue, qui ont fait la magistrature française si grande et
si considérée. C'est par là qu'elle est arrivée à former véritablement un corps ayant ses doctrines, ses
traditions et ses tendances ; c'est par là que, malgré
quelques faiblesses et quelques erreurs, elle conquiert
chaque jour la sympathie, le respect et la confiance
de ceux parmi lesquels elle rend la justice, et qu'elle
justifie, depuis bien longtemps, l'admiration de tous
les peuples.

J'en ai fini avec l'information préparatoire, du moins
en ce qui concerne le juge d'instruction et la chambre
du conseil ; et j'arrive au moment où le prévenu comparaît, pour y être jugé, devant le tribunal correctionnel.
Je ne vois rien à changer aux formalités prescrites par
le Code, sur cette matière, et dont tant d'années ont
consacré la sagesse. Les garanties les plus grandes
sont données au prévenu : car si l'instruction préparatoire a été secrète, ici tout se dévoile au grand jour ;
et la plus sérieuse, la plus efficace de toutes les garanties c'est certainement la publicité. Mais comme la
publicité n'existe complétement de nos jours que par
les comptes-rendus des journaux, je voudrais qu'aucune
restriction ne pût y être apportée et que la reproduc-
tion des débats par la voie de la presse fût un droit dont
l'exercice ne pourrait jamais être suspendu que dans le
cas unique où il y aurait danger pour les mœurs. Je

souhaiterais donc l'abrogation de l'art. 17 du décret du 17 février 1852, qui défend la publication des débats en matière de presse et qui, dans toutes affaires civiles, correctionnelles ou criminelles, permet aux cours et tribunaux d'interdire le compte-rendu du procès.

Si le prévenu comparaît à l'audience, le débat est libre. public et contradictoire. S'il fait défaut, il n'est plus à craindre aujourd'hui, grâce à la loi du 27 juin 1866 qui a si heureusement modifié l'ancien art. 187 , que le jugement devienne définitif sur la simple présomption que le condamné a eu connaissance de sa condamnation. Cette loi nouvelle a voulu substituer une certitude à une présomption dangereuse : c'est une heureuse innovation à laquelle je me plais à rendre hommage.

XVI.

DE LA COMPARUTION DU PRÉVENU DEVANT LE TRIBUNAL CORRECTIONNEL, DE LA PUBLICITÉ DES AUDIENCES ET DU DROIT D'ARRESTATION.

Mais si à l'audience des tribunaux correctionnels *les intérêts de la défense* sont complétement garantis, il n'en est pas de même, je vais le démontrer, *des intérêts de la poursuite*. J'ai assez réclamé en faveur des premiers pour avoir le droit de revendiquer pour les seconds cette égalité parfaite dont je montrais la nécessité au commencement de ce travail.

Il s'agit encore du droit d'arrestation. D'après la loi actuelle le prévenu peut toujours, en tout état de cause, soit pendant l'instruction préparatoire, soit après jusqu'au jugement définitif, demander sa mise en liberté provisoire. N'est-il pas juste que de son côté le tribunal ait le droit, lorsqu'il le jugera nécessaire, d'ordonner que le prévenu demeuré libre sera mis en état de détention préventive?

J'ai déjà dit que je n'admettais la détention préventive que lorsqu'elle était tout à fait indispensable. Mais ce cas étant reconnu, pourquoi laisserait-on les tribunaux désarmés, et leur refuserait-on un pouvoir qu'on accorde aux simples juges d'instruction ?

Ainsi une affaire, considérée d'abord comme peu grave et arrivant, par exemple, sur citation directe, prend de l'inportance aux débats. L'inculpé peut prévoir une condamnation sévère ; il est riche, il a tous les moyens de se soustraire par la fuite aux conséquences du jugement qui va être prononcé : s'il reste libre, il est certain qu'il bravera ce jugement et qu'il s'assurera l'impunité de fait. Pourquoi le tribunal, soit en rendant son jugement, soit dans le cours même des débats, ne serait-il pas investi du droit d'ordonner son arrestation immédiate ?

C'est en ces matières surtout qu'il faut l'égalité devant la loi, et c'est l'assurer que d'éviter le scandale de ces condamnés influents ou riches, allant chercher à l'étranger un asile contre cette loi dont un malheureux sans fortune et sans crédit ne peut éviter la main puissante.

Ce que je propose s'applique, à bien plus forte raison, aux cours jugeant sur appel les affaires correctionnelles. Car, si après le jugement des tribunaux de première instance le condamné peut dire : « Je fais appel, et mon appel me rend ma présomption d'innocence », les arrêts des cours sont définitifs, au moins quant aux faits constatés, et ils ne peuvent tomber que par suite d'un recours en cassation. Je ne comprends pas comment on a permis jusqu'à ce jour qu'après une condamnation prononcée sur appel par une cour, le condamné pût quitter libre l'auditoire, et que la loi s'en remît en quelque sorte à lui-même du soin d'assurer l'exécution de la sentence.

Il faudrait donc qu'une disposition nouvelle permît aux tribunaux correctionnels soit en première instance soit en appel de décerner, dès qu'ils le jugeraient nécessaire, en tout état de la cause, soit pendant les débats, soit en prononçant la condamnation, mandat d'arrêt contre l'inculpé.

Je viens de faire allusion à l'appel des jugements correctionnels : ce serait le lieu d'en parler, pour en finir avec tout ce qui concerne les délits. Mais je traiterai ce sujet plus utilement lorsque j'aurai proposé les importantes modifications qu'il me paraît

utile d'introduire dans l'organisation de la chambre
des mises en accusation et dans celle de la cour d'assises.

XVII.

DE LA CHAMBRE DES MISES EN ACCUSATION.

La chambre des mises en accusation est actuellement un rouage assez mal organisé et vieilli, que l'on
peut transformer facilement en un instrument admirable pour l'information préparatoire et pour la garantie de la liberté individuelle. Pour cela, il suffirait
de réaliser une grande et féconde pensée de l'empereur
Napoléon Ier, en faisant des cours d'appel le centre
d'instruction de toutes les affaires criminelles de leur
ressort.

Que faut-il donc ? Ordonner que devant cette
chambre, comme devant la chambre du conseil, le
prévenu sera représenté par un défenseur ; étendre en
outre les attributions de cette même chambre, de manière à ce qu'elle ait à s'occuper des affaires correctionnelles aussi bien que des affaires criminelles ;
apporter enfin plusieurs modifications à la procédure
suivie devant elle.

Je suis obligé, pour justifier ce qui précède, d'entrer
dans quelques développements au sujet de la composition actuelle de la chambre des mises en accusation,

de son mode de fonctionnement et de ses attributions.

Cette chambre est, comme on le sait, une section de la cour d'appel, chargée d'examiner toutes les procédures faites par le juge d'instruction en matière de crimes, et de décider s'il y a charges suffisantes pour envoyer le prévenu devant les assises. Elle juge à huis-clos ; ses arrêts même ne sont pas rendus publiquement : les cinq juges qui la composent, le ministère public et le greffier assistent seuls à ses séances. Il n'y a pas de débats. Le ministère public, représenté ordinairement par l'un des substituts du procureur général, doit exposer l'affaire ; le greffier doit lire ensuite toutes les pièces de la procédure ; après cela, le substitut et le greffier s'étant retirés, la cour délibère et ne les rappelle qu'après la délibération, pour leur faire connaître son arrêt.

Tels sont l'organisation et le mode de fonctionnement de cette chambre : il n'y a été apporté aucune modification importante depuis la promulgation du Code.

Certes, l'idée du puissant génie qui a versé tant de lumières dans la discussion de nos lois criminelles, c'est-à-dire la pensée de faire de la chambre d'accusation le centre d'instruction de toutes les affaires criminelles et correctionnelles d'un ressort, était grandiose et pouvait être féconde en résultats ; mais l'application n'en fut pas heureuse, et cette procédure étriquée, sans publicité, sans contrôle, était trop marquée au coin d'une vive réaction contre le jury d'accusation dont on venait d'expérimenter l'impuissance

La procédure devant la chambre d'accusation est bien simple, et pourtant elle est telle qu'il est difficile de suivre à la lettre les prescriptions de la loi : le huis-clos, le défaut de contrôle, ouvrent d'ailleurs naturellement la porte aux abus, en même temps que l'absence d'un défenseur laisse les intérêts du prévenu sans protection.

Ainsi, la loi confie au ministère public le soin d'exposer l'affaire ; mais lui qui poursuit, est-il donc impartial dans la cause ? Cet exposé terminé, le greffier doit lire toutes les pièces de la procédure. C'est trop et c'est trop peu. C'est trop, car un dossier renferme bien des pièces qu'il est indifférent de connaître ; et c'est trop peu, car, en confiant à un lecteur en général inhabile, le soin de lire des pièces trop souvent indéchiffrables, c'est exposer les auditeurs, qui doivent juger sur ces pièces seules, à connaître bien imparfaitement l'affaire.

Aussi les choses ne se passent-elles point ainsi : c'est le substitut qui, son exposé terminé, lit lui-même les pièces de la procédure, non pas toutes, mais seulement celles qu'il croit utiles. Si le prévenu a présenté un mémoire, c'est encore par M. le substitut qu'il en est donné lecture. Il remplit à lui seul tous les rôles : aussi plus d'une fois, il assiste avec le greffier à la délibération, contrairement au vœu de la loi, il s'y mêle et il y donne son avis. Ce sont des abus : je reconnais que dans bien des cas ils n'ont que peu d'importance ; mais ils peuvent en avoir, et ils en auraient certainement une considérable dans certaines grandes affaires.

Un abus, d'ailleurs, ouvre la porte à un autre ; et c'en est un sérieux que l'on ne devrait pas tolérer que celui qui consiste, de la part du substitut, à retirer son réquisitoire écrit quand il n'est pas suivi par la cour, pour mettre à la place, dans le dossier, un réquisitoire rectifié dont il copie les dispositions sur l'arrêt même que l'on vient de rendre. C'est enlever à l'accusé le bénéfice qu'il peut tirer des divergences d'appréciation qui se sont produites à son sujet entre le ministère public et la cour.

Ainsi, en réalité, dans le sein de la chambre d'accusation, le ministère public a seul la parole. Qu'on me montre une seule garantie accordée aux intérêts de la défense ! La conscience des magistrats veille sur eux, me dira-t-on. C'est vrai ; mais cette conscience peut avoir besoin d'être éclairée ; il n'est pas impossible qu'elle soit trompée, et la loi doit toujours être assez prévoyante pour protéger le magistrat lui-même contre ses propres erreurs ou ses défaillances.

Ajoutez à ce qui précède que l'ordonnance du 5 août 1844, en prescrivant d'attacher à l'une des autres chambres de la cour les conseillers qui composent la chambre d'accusation, sous prétexte que les travaux de cette chambre ne suffisent pas pour les occuper, a fait naître une autre sorte d'inconvénient. Il en est résulté que le service très-important de la chambre d'accusation a été négligé ; on l'a mis au second plan : celui de la chambre civile reste au premier, de sorte que les conseillers qui sont attachés tout à la fois à une chambre civile et à la chambre d'accusation, considèrent ce dernier service comme un surcroît de travail fort pénible, quand une longue audience de cette chambre succède à deux ou trois jours de longues audiences civiles.

Voici maintenant ce que je propose, relativement aux attributions de la chambre des mises en accusation, à la procédure à suivre devant elle et à sa composition.

Je voudrais d'abord que, dans l'intérêt de la force et de la dignité de la justice, et suivant la grande conception de Napoléon Ier, la chambre d'accusation devînt le véritable centre d'instruction de toutes les affaires criminelles et correctionnelles du ressort de la cour d'appel. Pour y arriver, la première chose à faire serait de lui attribuer la surveillance des juges d'instruction, qui a été si mal à propos donnée aux procureurs généraux. Ces derniers ont déjà connaissance de toutes les affaires par les procureurs de la République, leurs substituts. Ne serait-il pas plus rationnel de confier à la chambre des mises en accusation le soin de surveiller les juges d'instruction, c'est-à-dire le droit de se faire rendre compte, par eux, chaque semaine, de la nature des poursuites dont ils sont saisis, de l'état de l'information, des causes qui la retardent, des motifs et de la durée de la détention préventive? Une audience par semaine serait consacrée aux notices hebdomadaires de tous les juges d'instruction du ressort, dont l'examen aurait été préalablement réparti entre les cinq magistrats composant la chambre. Ce contrôle porterait ainsi sur toutes les affaires : il serait efficace et sérieux. Celui des procureurs généraux ne peut l'être : accablés de travail et d'affaires, ils s'occupent rarement des poursuites quand la gravité du délit ou la difficulté des questions soulevées ne les recommande pas à leur attention. Celles-là sont toujours l'objet d'un rapport du procureur de la République. Quant aux autres, c'est-à-dire à celles qui ne doivent pas venir devant les assises ou en appel, ils ne s'en occupent pas; et pourtant, dans l'instruction de ces petites affaires, il peut se glisser bien des abus.

Rien de semblable ne sera plus à craindre si les juges d'instruction savent que toutes les affaires, indistinctement, éveilleront l'attention de la chambre d'accusation, et s'ils sont persuadés qu'à la moindre indication d'un abus de pouvoir, d'une lenteur exagérée ou de toute autre faute grave, cette chambre n'hésitera pas à relever leurs torts et à user, au besoin, de son droit d'évocation.

Comment enfin se contenterait-on d'avoir écrit dans la loi, comme principe, ce droit d'évocation, sans se mettre en peine d'en rendre l'exercice facile, en faisant connaître à la chambre d'accusation toutes les affaires à l'occasion desquelles elle peut l'exercer?

Outre cette surveillance générale, la chambre d'accusation aurait comme aujourd'hui, dans ses attributions, l'examen de toutes les affaires qui doivent être soumises au jury et, de plus, toutes les oppositions faites aux ordonnances définitives rendues par la chambre du conseil.

Quant à la procédure, j'y introduirais les modifications suivantes : dès qu'un dossier parviendrait au greffe de la cour, le président de la chambre d'accusation nommerait d'office un défenseur au prévenu dans le cas où ce dernier ne lui aurait pas fait connaître son choix ; ce défenseur aurait le droit d'assister à l'audience. Le rapport serait fait par l'un des conseillers, commis par le président ; le ministère public développerait, s'il le jugeait convenable, ses réquisitions écrites ; le défenseur pourrait lui répondre et déposer aussi au besoin des conclusions sur lesquelles la cour serait tenue de statuer.

On voit que des attributions si variées, si nombreuses et si importantes absorberont tous les moments des magistrats qui seront chargés, pendant une année, du service de la chambre d'accusation. Il est évident que l'ordonnance du 5 août 1844 devra être rapportée, et qu'on ne pourra plus imposer le double service de la chambre d'accusation et d'une chambre civile. Mais il faudra pour cela que le nombre des conseillers de chaque cour d'appel soit augmenté ; et comme d'ailleurs une grande partie de ces cours n'a, dans l'état présent des choses, qu'à juger très-peu d'affaires civiles, cette augmentation du nombre des magistrats de chacune d'elles ne peut être raisonnablement demandée qu'autant que l'on diminuera d'autre part le nombre même de ces corps judiciaires. Ce travail peut être fait de telle sorte que chacune des cours maintenues ou établies ait un ressort assez vaste pour que le nombre des affaires civiles et criminelles qui lui seront soumises donne une occupation suffisante aux magistrats, sans les surcharger outre mesure. Je reviendrai sur cette idée que je me contente quant à présent d'énoncer, en reconnaissant qu'elle mérite des développements plus complets.

J'avoue que je mets dans la chambre d'accusation ainsi réformée et je pourrais dire transformée, de sérieuses espérances. L'extension de ses attributions lui permettant d'embrasser toutes les affaires d'un grand ressort (celles du moins qui sont soumises à une information préalable), il en résultera une concentration de ses efforts et de ses études sur tout ce qui touche au droit criminel : de là certainement plus d'esprit de suite et une activité plus grande ; et en même temps le mode nouveau de procéder devant elle offrira à la défense toutes les garanties dont elle avait été privée jusqu'ici.

De là encore un examen plus approfondi de chaque affaire; plus d'initiative, plus de décision pour ordonner des suppléments d'information quand le juge d'instruction se sera trompé ou qu'il aura laissé des points obscurs parmi ceux qu'il était important d'élucider. On dit trop facilement : « Cela s'éclaircira aux débats. » Non, ce n'est pas vrai: ce qui est la vérité, prouvée par l'expérience de chaque jour, c'est qu'au contraire les défauts d'une instruction grossissent aux débats, et qu'une omission qui, à l'examen du dossier, semblait légère, devient à l'audience une lacune considérable et d'autant plus fâcheuse qu'il est alors presque impossible de la combler. Par suite enfin, l'instruction préalable étant plus complète et plus sûre, il y aura moins d'erreurs judiciaires, moins de ces condamnations injustes qui sont heureusement rares, mais dont on voit encore trop d'exemples et dont la seule pensée me fait peur. Il y aura d'un autre côté moins d'acquittements.

XVIII.

DES ACQUITTEMENTS.

Je n'aime pas les acquittements, car ils sont toujours le résultat d'une fâcheuse erreur. Quand je vois un accusé descendre, acquitté, du banc de la cour d'assises, je me dis qu'un grand mal vient de se produire : car si cet homme est coupable, n'est-il pas triste de penser que les magistrats ont été impuissants à le convaincre, et que c'est le plus souvent par leur faute que son crime demeure impuni ? Et si au contraire il est innocent, quelle douleur de songer que, par leur faute encore, ce malheureux a subi toutes les tortures d'une accusation injuste et qu'il a été conduit jusqu'à ce banc d'infamie d'où l'on peut sortir libre, mais par le contact duquel on est toujours plus ou moins flétri !

Que si l'on prétendait que mon système ne fait que surcharger de précautions plus gênantes qu'utiles une procédure déjà trop embarrassée de formalités, je rappellerais à ceux qui prétendent tout simplifier ces paroles de Montesquieu que je cite, non pas uniquement pour me couvrir du grand nom de cet illustre penseur, mais parce que l'expérience m'a appris combien est profonde la vérité qu'elles expriment :

« Si vous examinez les formalités de la justice par

« rapport à la peine qu'a un citoyen à se faire rendre
« son bien, ou à obtenir satisfaction de quelque ou-
« trage, vous en trouverez sans doute trop. Si vous les
« regardez dans le rapport qu'elles ont avec la liberté
« et la sûreté des citoyens, vous en trouverez souvent
« trop peu ; et vous verrez que les peines, les dépenses,
« les longueurs, les dangers même de la justice, sont
« le prix que chaque citoyen donne pour sa li-
« berté [1]. »

XIX.

DES COURS D'ASSISES.

J'arrive maintenant à la cour d'assises, et tout d'a-
bord je demande pourquoi les cours d'assises ne siégent
que tous les trois mois. Je n'adresse pas cette question
aux rédacteurs du Code de 1808, parce que je sais qu'à
l'époque où ils ont rédigé ce Code, il y avait d'excel-
lentes raisons pour qu'il en fût ainsi. Mais je dis à nos
réformateurs modernes : « Comment ! voilà vingt ans
que vous vous occupez d'abréger la détention préventive : vous avez édicté lois sur lois pour la diminuer de
quelques jours, dans des cas où sa prolongation même
était un bienfait pour l'exercice éclairé du droit de

---

1. *Esprit des lois*, liv. VI, chap. 2.

défense, et quand il existe un abus monstrueux vous ne le voyez pas ; ou si vous le voyez, vous n'en parlez pas, vous ne vous en préoccupez pas, vous ne proposez rien pour le faire disparaître !

En effet, qu'arrive - t - il ? Une instruction se termine au moment où la session des assises vient d'être close : l'affaire ne sera jugée que trois mois après, et l'accusé restera soumis à cette longue détention préventive de trois mois sans utilité pour l'information qui est complète, ni pour la défense qui est prête, et au grand détriment de l'intérêt général, qui veut qu'entre la perpétration d'un crime et son châtiment le moins de temps possible s'écoule. Et qu'arrivera-t-il si au terme de ces trois mois d'attente, et l'affaire venant à s'ouvrir enfin devant le jury, un témoin nécessaire est absent, ou que tel autre incident surgisse, qui oblige à renvoyer à une autre session? Voilà le temps doublé : ce ne sera plus trois mois d'attente, mais six mois. Cette dernière hypothèse se réalise plus souvent qu'on ne le pense ; quant à la première, elle se présente tous les jours.

Dans certains cas, la liberté provisoire évitera du moins à l'accusé les cruels tourments de la détention préventive ; mais elle ne lui épargnera pas les angoisses de l'attente pendant trois ou six mois. D'ailleurs la liberté provisoire ne pourra pas être toujours accordée : la donnerait-on à l'homme accusé d'un empoisonnement ou d'un parricide? Et pourtant il est possible que cet homme soit innocent, et qu'il soit destiné à sortir de l'épreuve des débats, non-seulement acquitté, mais justifié!

5

Voilà le grand mal, celui qui est évident pour tout le monde, et qui suffit à lui seul pour qu'on modifie promptement cet état de choses. Est-il besoin que je m'arrête aux inconvénients secondaires? Ils ont pourtant aussi leur importance. Ainsi, quand une session approche, les juges d'instruction, pressés par le temps, sont trop préoccupés de la nécessité de clore les informations pour que les affaires soient jugées à la session. Les dossiers arrivent en foule, et au dernier jour, au parquet de la cour; il faut que tout le monde les possède à la fois. Les substituts se hâtent, la chambre d'accusation se hâte, le président des assises se hâte ; on étudie les procédures comme on peut, et si l'on y reconnaît des erreurs ou des lacunes, on est bien obligé de passer outre, parce que le temps manque. En serait-il de même si, les sessions s'ouvrant tous les mois, on pouvait instruire et examiner les affaires sans tant de précipitation, avec réflexion et maturité?

J'ai dit le mal, et j'indique le remède. Il faut des assises tous les mois. C'est l'idée principale; il s'agit maintenant de l'appliquer.

Il est d'abord évident que, vu le petit nombre d'affaires criminelles qui, dans un grand nombre de départements, sont soumises au jury dans ses assemblées trimestrielles, on ne peut, chaque mois, convoquer un membre de la cour d'appel et quarante jurés pour juger deux ou trois accusés, et peut-être un seul. D'où je conclus à la nécessité de modifier, du moins en cette partie, notre organisation judiciaire. Et comme le système qui nous régit depuis le commencement du siècle est un tout fortement lié, dont il est difficile d'attaquer séparément une partie sans toucher aux autres, je suis forcément conduit à l'examiner dans son ensemble et dans quelques-uns de ses détails. J'arriverai du reste à cette conclusion : c'est que notre organisation judiciaire doit être maintenue dans ses éléments essentiels. Il y a lieu d'étendre quelques circonscriptions trop étroites, et de supprimer quelques corps judiciaires que l'extension même des circonscriptions rendra inutiles ; mais il n'y a lieu de modifier en quoi que ce soit la constitution de ceux qu'on laissera subsister.

Le problème est en réalité complexe, car le grand principe que fit sortir le génie de Napoléon des discussions si longues et un peu confuses du conseil d'Etat, à propos de la réorganisation judiciaire, fut celui de la réunion, dans les mêmes mains, de la justice civile et de la justice criminelle. Mais cette complexité ne me cause aucun embarras, convaincu comme je le suis, par des raisons que je donnerai plus loin, qu'il y aurait autant d'inconvénients à changer notre organisation au point de vue de la justice civile, qu'au point de vue de la justice criminelle.

Je vais être conduit à l'examen de ces questions pour la solution du problème spécial que je me suis posé : Comment pourrait-on avoir une session d'assises tous les mois ?

J'ai déjà écarté l'idée d'une session par mois et par département, à cause du petit nombre des affaires. Il y aurait bien un autre moyen : ce

serait de transporter le siége des assises au chef-
lieu du ressort, au sein même de la cour d'appel. Mais cela entraînerait de trop grands déplacements pour les jurés et pour les témoins ; et d'un autre
côté il y a, au point de vue de l'exemple et de la bonne
justice, un avantage réel à ce que les crimes soient
jugés dans le pays même où ils ont été commis, ou du
moins, si c'est impossible, dans un pays qui n'en soit
pas très-éloigné.

Je propose donc un système mixte qui consisterait à
former des circonscriptions composées de deux ou trois
départements pour lesquels les assises se tiendraient,
chaque mois, dans la ville la plus centrale. Ainsi je
suppose un ressort comprenant huit départements :
toutes les affaires criminelles pourraient y être jugées
dans trois chefs-lieux d'assises, dont l'un serait au siége
même de la cour d'appel, et les deux autres dans deux
villes choisies d'après leur situation topographique,
de manière à ce qu'elles fussent autant que possible au centre de la juridiction qui leur serait at-
tribuée.

Dans l'ordre de choses actuel, pour ces huit départements ayant chacun 4 sessions par an, cela fait en
tout 32 sessions, pour lesquelles on convoque 1152
jurés.

D'après mon système, il y aurait 36 sessions ; mais
on pourrait diminer le nombre des jurés appelés, n'en
convoquer par exemple que 24 au lieu de 36, ce qui
ferait au total 764. En réduisant le nombre des jurés
de 36 à 24, on réduirait comme conséquence le droit de
récusation. Mais ce serait un bien, car il est malheu-

reusement trop certain que ce droit n'est pas exercé, de la part de l'accusé, à raison d'une cause légitime et avouable de défiance existant à l'égard du juré, mais presque toujours dans le but d'écarter du tableau les membres du jury qui se distinguent le plus par leur intelligence et leur fermeté. Puisque c'est le sort qui les choisit, et qu'on les prendrait sur les listes des deux ou trois départements comprenant la circonscription, il faut laisser le sort décider abso-lument du choix. Cependant, comme il peut se pré-senter des causes réelles de récusation, je maintien-drais ce droit; mais je voudrais qu'il ne pût être exercé par la défense et par le ministère public, qu'à l'égard de trois jurés.

Quel serait maintenant, relativement aux cours d'appel elles-mêmes et au nombre de leurs mem-bres, le résultat nécessaire des modifications que je propose en ce qui concerne la chambre des mises en accusation et la tenue des assises?

Il y aura constamment, en supposant dans chaque ressort trois sessions s'ouvrant tous les mois, de cinq à sept conseillers détournés des autres travaux de la cour par le service des assises : trois qui formeront la cour d'assises au chef-lieu du ressort, et deux qui pré-sideront dans les départements. Je puis en ajouter deux autres qui, comme présidents nommés, peuvent être obligés, dans quelques cas, à consacrer tout leur temps à la préparation d'affaires considérables.

A ce nombre de sept, si l'on ajoute cinq autres con-seillers pour la chambre d'accusation, et que l'on suppose en outre deux chambres, civile et correctionnelle comprenant chacune huit juges, on voit qu'une cour d'appel devrait se composer au moins de vingt-sept à vingt-huit conseillers.

XX.

DE LA NÉCESSITÉ DE RÉDUIRE LE NOMBRE DES COURS D'APPEL.

Si donc on maintenait les cours actuellement exis-tantes, il faudrait augmenter le nombre des magistrats; et comme les cours d'appel, en général, ne sont pas suffisamment occupées, et que plusieurs d'entre elles sont trop rapprochées les unes des autres, on est for-cément amené à conclure qu'il y a nécessité d'en sup-primer un assez grand nombre.

J'ai parlé de sept ou huit départements par ressort ; je crois que cette base pourrait être adoptée, et qu'au lieu de vingt-huit cours on pourrait n'en avoir que quatorze ou quinze.

Quant au nombre de chambres civiles que chaque cour devrait comprendre, on le réglerait suivant la moyenne des affaires fournies par les départements du ressort, en ayant aussi égard à la nature des affaires, à leur simplicité ou à leurs complications habituelles.

Ainsi par la réduction du nombre des cours d'appel et l'augmentation de leur personnel, le service crimi-

nel, tel que je l'entends, serait assuré sans que le jugement des affaires civiles eût à en souffrir.

Je comprends toutes les résistances que rencontrera
la réalisation d'un projet semblable : ce sera la coali-
tion des intérêts lésés : intérêts respectables sans doute,
mais en présence desquels on ne devra pas s'arrêter
(tout en leur assurant autant que possible des compen-
sations légitimes), si l'on est décidé, pour le bien général qui domine toutes les vues particulières, à suivre
résolûment une voie de progrès.

XXI.

DE L'APPEL DES JUGEMENTS CORRECTIONNELS.

J'ai réservé pour le moment où j'arrive, de parler des
appels des jugements correctionnels. Ce sujet a une
grande importance à mes yeux, car je n'admets la justice rendue par les juges permanents qu'autant qu'on
a le droit de soumettre leurs décisions à un second
degré de juridiction. Non pas que je ne repousse ces
attaques outrées que l'on dirige contre les tribunaux
correctionnels, auxquels on suppose un endurcissement de cœur qui serait, dit-on, le résultat fatal de

l'habitude de juger. Mais néanmoins j'inclinerais à penser qu'il y a un peu de vrai derrière ces exagérations. Les magistrats, quelque intègres qu'ils soient , restent des hommes : ils sont sensibles à cette intime satisfaction que donne le pouvoir ; et de la jouissance du pouvoir à son abus qui est l'arbitraire il n'y a qu'un pas, trop aisé à franchir si l'on n'est retenu sur cette pente glissante par un sérieux contrôle. Dans l'ordre judiciaire, ce contrôle, c'est le droit d'appel. Avec l'appel, je considère la juridiction des tribunaux correctionnels de trois juges comme excellente : sans le droit d'appel, je n'en voudrais à aucun prix.

J'attache donc la plus grande importance à l'organisation de la juridiction d'appel. Pour qu'elle réponde complétement au but qu'on se propose, deux conditions doivent être remplies : il faut qu'elle soit d'un facile accès et que sa procédure soit telle qu'elle offre toutes les chances possibles d'arriver à la manifestation de la vérité.

Cette seconde condition n'est pas moins essentielle que la première : car si les juges d'appel n'ont pas à leur disposition tous les moyens possibles de découvrir la vérité que l'on suppose avoir échappé aux premiers juges, comment la découvriront-ils mieux que n'ont pu le faire les trois magistrats qui l'ont cherchée avant eux ? Aussi j'avoue que je n'ai jamais compris le jugement sur appel des affaires correctionnelles sans l'audition des témoins.

Comment ! l'affaire est venue en première instance, les juges ont entendu les témoins ; ils ont interrogé le

prévenu ; ils ont confronté , examiné , pressé de
questions. Néanmoins on suppose qu'ils ont mal jugé,
et l'appel est une protestation contre l'erreur judiciaire
qu'ils auraient commise. Eh bien ! l'on veut que les
juges du second degré soient plus éclairés sur l'affaire
sans avoir les mêmes éléments d'appréciation que les
premiers ! Et ils devront se décider, sur une simple
analyse du dossier, après une froide lecture de quelques
pièces, et sur des notes d'audience toujours incomplètes
si elles ne sont pas inexactes, et si, ce qui est le pire et ce
qui n'arrive que trop souvent malgré le vœu de la loi,
elles ne sont pas rédigées en dehors de l'audience et
après coup !

Je comprendrais une semblable procédure s'il s'agissait de décider une question de droit, comme devant
la cour de cassation. Mais prétendre bien juger des faits
obscurs et contestés sans entendre les témoins, dont
il est toujours si utile d'apprécier par soi-même
l'attitude et le langage, ce n'est vraiment pas possible.

Cependant on n'a rien changé sur ce point aux dispositions édictées par le Code d'instruction criminelle dès
l'origine ; on juge aujourd'hui sur de simples notes d'audience, et ce n'est que très-rarement, par exception,
que l'on admet le ministère public ou le prévenu à
faire entendre des témoins. Je voudrais que cette exception devînt la règle et qu'on procédât toujours en appel
comme en première instance, c'est-à-dire que le jugement sur rapport fût remplacé par le débat oral.

Mais il faudrait, pour cela, rapporter la loi du 13 juin

1856 qui a établi que l'appel de tous les jugements correctionnels serait porté à la cour.

C'est encore une de ces innovations malheureuses auxquelles on s'est laissé entraîner par des considérations secondaires, sans s'apercevoir qu'on portait atteinte à l'un des principes essentiels d'une bonne administration de la justice, à savoir que les tribunaux criminels doivent toujours être le plus près possible des justiciables. Décider qu'il n'y aura pas d'autre tribunal d'appel que la cour elle-même, c'est obliger tous les prévenus à un long et coûteux voyage; c'est rendre la comparution des témoins si onéreuse qu'elle en devient presque impossible; c'est mettre une inégalité choquante entre la poursuite et la défense, puisqu'il n'en coûte ni argent ni peine au ministère public pour obliger les prévenus à des déplacements et à des frais considérables.

En matière civile il est assez indifférent que le tribunal d'appel soit plus ou moins éloigné du tribunal de première instance : le plaideur n'a pas besoin de paraître devant ses juges, et le plus souvent il peut traiter de son affaire par correspondance. Mais en matière correctionnelle il n'en est pas de même : il faut comparaître en personne, et si l'on a été condamné en première instance, étant innocent, on ne peut se dispenser de faire appel : il n'y a point de transaction possible quand il s'agit de son honneur ou de sa liberté. Si enfin on considère que plus des trois quarts de ceux qui sont traduits en police correctionnelle sont des gens pauvres auxquels la perspective des frais d'un voyage pourra ôter la pensée de faire appel s'ils n'ont pas d'ailleurs été frappés d'une condamnation très-sévère, on conviendra que la loi du 13 juin 1856 est une loi anti-démocratique et qu'elle a consacré, sans le vouloir, une inégalité flagrante devant la justice.

Je dis *sans le vouloir*, car telle n'était pas certainement la pensée des législateurs. Ils voulaient seulement remédier à de légers inconvénients, plutôt imaginaires que réels, résultant d'une diversité possible de jurisprudence entre les divers tribunaux d'appel ; mais surtout ils obéissaient, sans s'en douter, à cet entraînement général vers la centralisation à outrance qui était le mal du temps et contre lequel on aura bien de la peine à réagir efficacement aujourd'hui.

Que faut-il donc faire ? Il faut revenir aux errements de l'ancienne loi et décider que les appels correctionnels seront portés devant les tribunaux où siégeront les assises. Ainsi j'ai dit plus haut que dans un ressort de cour d'appel composé de huit départements il devrait y avoir deux chefs-lieux d'assises, outre le siége même de la cour. Je voudrais qu'à chaque chef-lieu d'assises fussen portés les appels des tribunaux correctionnels de la circonscription formant le ressort de cette cour d'assises : quant aux appels des jugements rendus par les tribunaux mêmes des chefs-lieux d'assises, ils viendraient à la cour d'appel

Cette question des appels correctionnels devait être la dernière, et j'avais le projet de terminer par là cette étude, lorsque les journaux m'ont appris que la commission chargée de la révision du Code d'instruction avait adopté, comme base de son travail, deux résolutions importantes : la première, que les délits seraient déférés au jury ; la seconde, que les tribunaux correctionnels n'auraient plus à juger que les simples contraventions.

Ces deux résolutions sont graves : car, sous leur énoncé fort simple, elles impliquent des changements considérables, non pas seulement dans la procédure et dans l'organisation des tribunaux criminels, mais dans les principes mêmes sur lesquels reposent nos institutions judiciaires.

Au moment où cette nouvelle m'est parvenue, mon travail était à peu près achevé. J'ai cru ne devoir y rien changer, pour deux raisons : la première, c'est qu'il contient l'expression sincère et complète de ma pensée sur notre système de procédure criminelle ; la seconde, c'est que M. le garde des sceaux, ayant fait l'honneur à tous les magistrats de leur demander leur concours pour la grande œuvre de réformation qu'il a entreprise, c'est un devoir pour tous ceux qui répondent à cet appel, de faire connaître leur opinion tout entière, et de la développer sans réticence avec une respectueuse liberté.

XXII.

DU JUGEMENT DES SIMPLES DÉLITS PAR LE JURY.

L'idée que les journaux prêtent à la commission, de vouloir soumettre au jury les faits qualifiés délits et déférés jusqu'à présent aux tribunaux correctionnels, ne m'a pas pris au dépourvu. Je l'ai nourrie longtemps ; et si, en définitive, mon esprit a fini par s'en détourner, il ne sera peut-être pas sans intérêt de faire connaître comment cette pensée m'avait d'abord séduit, et par quels motifs je l'ai plus tard abandonnée.

Ce qui m'avait séduit, c'est l'institution même du jury, pour laquelle j'ai toujours éprouvé la sympathie la plus vive, et je me disais : Puisqu'il s'agit de juger des faits délictueux, qui ne diffèrent que par le plus ou le moins de gravité et qui sont, après tout, de même nature, c'est-à-dire composés chacun de deux éléments, le fait et l'intention, pourquoi ne les soumet-trait-on pas également à cette juridiction si nationale et si profondément entrée dans nos mœurs, dont l'opinion publique accepte sans murmure les plus sévères arrêts ?

Mais, en examinant les choses de plus près, j'ai cru reconnaître que rien n'autorisait à supprimer la juridiction correctionnelle consacrée par une si longue expérience, et que les tribunaux actuels répondaient parfaitement d'ailleurs à leur destination. Un si grand changement serait donc inutile. Ayant reconnu qu'il était inutile, j'ai constaté, en me plaçant à un autre point de vue, qu'il était impraticable. Ce dernier motif surtout ne m'a plus permis d'hésiter.

J'ai besoin d'examiner avec soin, pour ma justification, ce qu'est le jury, et quelles sont, en elles-mêmes et vis-à-vis de l'opinion, la valeur et l'autorité de ses verdicts. J'aime le jury, je le déclare encore ; j'ajoute même, en analysant mes dispositions à son égard, que je l'aime, non pas par sentiment, mais par raison. Ceux qui l'aiment par sentiment voient en lui le moyen de faire rendre la justice au pays par le pays, et outre cela, ils prétendent y voir l'accusé jugé par ses pairs. Ces grands mots, quant à moi, me touchent fort peu : les magistrats des tribunaux et des cours me semblent tout aussi bien les pairs d'un accusé, comme citoyens, que les jurés que le sort désigne ; j'estime en outre que la justice qu'ils rendent après des débats auxquels ne manque point la publicité la plus large, peut, aussi bien que l'autre, se glorifier d'être la justice du pays.

Mais cette juridiction entraîne une solennité exceptionnelle, qui, dans certains cas, devient une force et fait partie de la justice même. Si l'on joint à cela que le jury est généralement composé d'hommes animés du désir de faire le bien, qu'il est un peu difficile à persuader et toujours porté vers l'indulgence, on conçoit que, dans les grandes affaires, ses verdicts de condamnation aient un poids énorme, parce qu'on est convaincu qu'il ne condamne que lorsqu'il est impossible d'acquitter.

C'est pour cela que je l'aime. Il est à mes yeux , pour les grandes affaires, une institution excellente, surtout comme instrument de publicité. Mais à quoi bon tant de solennité pour cette multitude de petits délits sans importance que jugent aujourd'hui les tribunaux correctionnels ? J'admettrais pourtant qu'on devrait substituer le jury à ces tribunaux , si l'on trouvait dans son institution plus de garanties pour la découverte de la vérité. Mais cela n'est pas, et, sous ce rapport, les tribunaux correctionnels composés d'hommes qui ont l'habitude de juger, c'est-à-dire de rechercher le vrai à travers les mensonges, les ruses et les fraudes, de constater les preuves et de les peser, sont supérieurs aux jurés lorsqu'il y a lieu de redresser une information qui s'est fourvoyée. Comme je l'ai déjà dit bien des fois, c'est le juge d'instruction qui, dans l'information préparatoire et secrète, doit trouver la vérité : s'il s'égare, un tribunal de magistrats expérimentés pourra redresser son erreur ; mais des jurés ne le sauront faire au milieu des préoccupations, si nouvelles pour eux, d'une séance de cour criminelle. L'expérience n'est-elle pas là d'ailleurs, pour le prouver ? Qui a condamné Lesurques ? C'est le jury. N'est-ce pas encore lui qui a condamné Lesnier, Baffet et Louarn, et la fille Doise, ces tristes victimes d'erreurs, dont l'horrible infortune, révélée coup sur coup, il y a peu d'années , a ému d'une pitié profonde et presque d'épouvante la France entière ?

Une conspiration infâme avait été ourdie pour perdre le malheureux Lesnier, par les auteurs mêmes du crime d'incendie dont on l'accusait. Le juge d'instruction s'était laissé tromper par ces faux témoignages ; le jury de la Gironde n'eut pas une perspicacité plus grande, et il condamna.

Dans l'affaire Baffet et Louarn, un concours fatal de circonstances avait fait prendre le change au juge d'instruction : le jury, devant qui se produisit de nouveau l'enquête, et qui entendit à l'audience publique tous les témoins, fut-il plus clairvoyant ? Il ne le fut pas, et la cour d'assises du Finistère condamna ces deux innocents pour vol et pour tentative d'assassinat.

Enfin quand la fille Doise, sous l'empire de je ne sais quelle hallucination, s'avoua coupable d'un parricide qu'elle n'avait pas commis, le jury du Nord, devant qui elle subit un dernier interrogatoire, fut impuissant à démêler la vérité, et une erreur judiciaire de plus fut consommée.

Je me résume en deux mots : l'institution du jury est précieuse dans les grandes affaires à cause de l'éclat des débats et de la solennité de l'arrêt. Mais le jury n'est pas propre à faire découvrir la vérité lorsqu'elle a échappé à l'information préparatoire, et il est au moins aussi exposé que les tribunaux correctionnels à commettre des erreurs. De là il suit que pour les petites affaires, je veux dire pour celles qui ont peu de retentissement, et au sujet desquelles l'opinion publique ne se passionne pas, il est sans intérêt de changer un ordre de juridiction consacré par le temps, et qui, avec ses deux degrés, donne toutes les garanties désirables. Ce qui me fait dire, en d'autres termes, que la substitution du jury aux tribunaux, pour le jugement des simples délits, est inutile.

J'ajoute qu'elle est impraticable. Et, en effet, à quel jury déférerait-on les simples délits?

Est-ce au jury ordinaire qui ne s'assemble que tous les trois mois, et qui, si mon projet était admis, siégerait une fois par mois? Mais non, pour deux raisons : à cause de l'éloignement des sessions, et à cause de la distance qui séparerait presque toujours le prévenu du lieu où il serait jugé.

Avec les tribunaux qui peuvent tenir une, deux, et même trois audiences correctionnelles par semaine, il est facile d'organiser la poursuite de telle sorte qu'il ne s'écoule pas plus de deux ou trois jours entre la clôture de l'information préparatoire et le jugement. Avec le jury, au contraire, ce délai sera souvent d'un mois, et quelquefois de deux, en admettant même que ma proposition de le convoquer tous les mois soit admise, comme il sera de trois ou de six mois si on la rejette.

D'un autre côté, les prévenus de faits correctionnels ont aujourd'hui en quelque sorte à leur porte le tribunal qui doit les juger. Faudra-t-il maintenant qu'ils se rendent au chef-lieu du département, ou qu'ils aillent beaucoup plus loin, jusque dans l'un des départements voisins, pour trouver la justice qui siégeait jusqu'à présent si près d'eux? Et quels embarras, quels frais, et quel temps perdu, pour faire ainsi voyager tous les témoins?

Cela ne peut être. Il faut alors un jury par arrondisse.

6

ment. Mais comment sera-t-il composé? où prendra-t-on les jurés?. quel sera leur nombre? quelles seront aussi les époques et la durée de leurs sessions? Si l'on veut que les délits soient jugés par le jury aussi vite qu'ils peuvent l'être actuellement par les tribunaux, il faut, aux juges permanents, substituer un jury permanent qui se renouvellera tous les huit jours, et tiendra séance depuis le lundi jusqu'au samedi, dans l'attente des affaires qui pourront lui être déférées.

Est-ce praticable? Évidemment non. Et voilà pourquoi, trouvant, après examen, qu'il était à la fois inutile en principe et impossible en pratique, d'étendre aux simples délits la juridiction du jury, j'avais abandonné cette idée vers laquelle m'avaient fait pencher d'abord mes sympathies raisonnées pour cette belle et grande institution.

Je ne me prononce point ici, bien entendu, sur le projet même de la commission dont je ne connais pas les détails, et je n'ai pas la prétention d'être plus éclairé que les hommes éminents qui la composent. Je suis prêt à m'incliner devant une expérience et un savoir que je ne possède pas ; et je désire bien qu'on ne voie dans ce qui précède qu'une seule chose, l'aveu sincère de mon impuissance à trouver, étant réduit à mes propres forces, une solution qui est déjà préparée, dit-on, et qui va sortir éclatante du milieu de tant de lumières réunies.

La seconde résolution que l'on prête également à la commission m'a jeté, plus encore que la première, dans une incertitude dont il m'a été impossible de sortir. C'est qu'il

m'a paru que, dans la formule indiquée, les mots auraient été détournés de leur signification vulgaire, de
sorte qu'en disant que *les tribunaux correctionnels n'auraient plus à juger que les simples contraventions,* elle
aurait appliqué ce nom de tribunaux correctionnels à
des tribunaux autres que ceux qui existent sous cette
appellation juridique, de même qu'elle n'aurait pas
entendu, par le mot de contraventions, les faits sans
gravité que cette désignation rappelle ordinairement à
l'esprit. Il doit en être ainsi, car il n'est pas admissible
que l'on conserve dans chaque arrondissement des
tribunaux de trois juges pour leur soumettre uniquement des individus coupables de simples contraventions de police, tel celui qui aurait négligé de tenir
son chien en laisse, ou l'imprudent qui aurait oublié
de faire ramoner ses cheminées.

Il y aurait alors, sous cette formule, comme le
germe d'une véritable révolution judiciaire ; et c'est à
cela sans doute que font allusion les personnes qui, se
disant bien informées, assurent que l'on prépare, dans
un avenir très-prochain, la suppression des tribunaux
d'arrondissement, ou tout au moins de la plus grande
partie d'entre eux.

XXIII.

DOIT—ON SUPPRIMER LES TRIBUNAUX D'ARRONDISSEMENT ?

Cette mesure, qui est depuis longtemps, je le reconnais, réclamée par beaucoup d'hommes distingués, me

semblerait tout à fait contraire aux intérêts d'une bonne administration de la justice criminelle. Je ne l'envisage qu'avec effroi, et je vais à l'instant justifier mes appréhensions.

Je tiens d'abord à bien constater que je ne confonds pas une question d'étendue de circonscription avec une question d'organisation judiciaire. Que l'on réunisse en un seul plusieurs arrondissements trop restreints, et qu'on arrive de cette manière à supprimer quelques tribunaux, rien de mieux ; l'organisation n'est pas atteinte, et en laissant toute latitude pour l'application, je ne m'attache qu'à la défense des principes.

Je préviens même que je ne vais pas les défendre avec toute l'étendue que mériterait un pareil sujet. La question, en effet, devrait être traitée en même temps au point de vue de la procédure civile, puisqu'en France les mêmes magistrats sont chargés de l'application du droit criminel et du droit civil. Or sur ce point je dirai seulement, en quelques mots, que la suppression des tribunaux d'arrondissement entraînerait l'extension des attributions des juges de paix, et que pour mon compte, tout en rendant hommage à ces utiles magistrats, je trouve que leurs attributions sont assez étendues, et qu'il y aurait des inconvénients graves à les augmenter.

Mais je me renferme dans ce qui fait mon sujet principal : je prétends que la suppression des tribunaux d'arrondissement serait, au point de vue de l'instruction criminelle, un très-grand mal, et qu'elle porterait une atteinte profonde à ce que j'appellerais

volontiers les *garanties nécessaires* de la liberté individuelle.

J'ai complétement exposé plus haut comment, suivant moi, la liberté individuelle et les intérêts de la
défense trouveraient leur protection la plus efficace
dans les tribunaux d'arrondissement siégeant comme
chambre du conseil, parce que ces tribunaux, placés
au lieu même où se fait l'instruction, peuvent statuer contradictoirement sans délais, sans déplacement
et sans frais, sur tous les incidents survenant entre
l'accusation et la défense.

Supposons que l'on supprime tous les tribunaux d'arrondissement; ou plutôt supposons qu'on n'en conserve plus par chaque département qu'un seul au
chef-lieu. Comment se fera l'instruction?

Evidemment le juge d'instruction ou les juges d'instruction (s'il y en a plusieurs) ne pourront tous ré-
sider au chef-lieu du département : car, malgré la
rapidité des communications par le télégraphe et la
facilité des relations par les chemins de fer, ces magistrats seraient trop loin des lieux où ils auraient
besoin de se transporter pour informer sur un crime
ou sur un délit. Dans la plupart des cas, ils trouveraient en arrivant l'instruction déjà commencée par les
agents inférieurs placés sur les lieux mêmes, c'est-à-
dire le juge de paix, le commissaire de police ou le
brigadier de gendarmerie. Or bien souvent le sort d'une
information dépend de la manière dont elle a été commencée, et, plus d'une fois l'inexpérience de ces
auxiliaires du magistrat instructeur leur fait commettre des fautes qu'il est plus tard fort difficile de

réparer. J'ajoute qu'il est très-utile, je dirais presque nécessaire, que le juge d'instruction vive au milieu des populations où il doit exercer ses fonctions. Il faut qu'il les connaisse, qu'il soit connu d'elles, qu'il ait leur confiance. Dans les affaires difficiles, ces relations suivies, cette connaissance parfaite des esprits et du pays l'aident puissamment à trouver la vérité.

Maintenant, étant reconnu qu'on ne saurait se contenter d'un juge d'instruction demeurant au chef-lieu du département, il faudra opter entre deux systèmes : ou bien mettre un juge d'instruction dans chaque chef-lieu d'arrondissement, ou bien confier ses fonctions aux juges de paix.

Si, le tribunal d'arrondissement étant supprimé, on laissait néanmoins dans chaque chef-lieu d'arrondissement un juge d'instruction, la position de ce magistrat, il faut en convenir, serait étrange. Le juge d'instruction actuel est toujours occupé : car il participe au jugement des affaires civiles, quand le soin des affaires criminelles n'absorbe pas tout son temps. En le plaçant isolé dans une petite ville où il n'aura absolument qu'à faire l'instruction, vous l'amoindrirez ; vous en ferez un magistrat secondaire, une sorte de commissaire central d'arrondissement, préposé spécialement et uniquement aux informations criminelles. Et où seront, dans ce cas, les garanties les plus sérieuses de l'intérêt social de la poursuite, s'il doit agir seul, sans contrôle, sans avoir près de lui le procureur de la République, pour le mettre en mouvement et le diriger au besoin par ses réquisitions ?

Si l'on croyait toutefois remédier à cet inconvénient,

en maintenant un membre du parquet à côté du juge d'instruction, cela ferait, au lieu d'un seul, deux magistrats dont la position serait étrange : car ce membre du parquet aurait moins à faire encore que le juge d'instruction, puisqu'il se bornerait à requérir. Que deviendraient son autorité morale, sa dignité, son prestige, si l'on ne voyait plus du tout en lui l'homme du droit civil, le protecteur de tous les intérêts injustement com romis, le défenseur des faibles, le magistrat dont on apprécie le caractère aussi bien que le talent lorsqu'il intervient, par ses conclusions à l'audience, dans les procès civils soumis à la décision du tribunal?

Il est facile, dit-on, d'éviter ces inconvénients, en confiant toute l'instruction aux juges de paix. Puisqu'on est disposé à étendre leur compétence civile, pourquoi ne leur donnerait-on pas en même temps des attributions plus étendues au criminel?

Je déclare que, quant à moi, je suis on ne peut plus opposé à cette extension d'attributions. Je la regretterais, tant au point de vue des intérêts civils des justiciables, qu'au point de vue de la justice criminelle, pour laquelle je ne verrais plus de garanties. Un bon juge civil est difficile à rencontrer ; un bon juge d'instruction est plus rare encore. Comment aurait-on l'espoir de trouver, pour chaque canton, un homme réunissant au degré nécessaire des qualités si diverses? Il n'y aurait pas assez de sujets, qu'on en soit sûr ; et parmi ceux qu'on aurait en vue, combien peu consentiraient à enfouir au fond d'une campagne des qualités si éminentes qu'elles leur assureraient un rang distingué dans les plus grandes villes? Or, en cette matière, je

vois difficilement un milieu : ceux qui ne seront pas
excellents seront mauvais ; et plus vous leur don-
nerez d'indépendance et d'autorité en les rendant,
par exemple, inamovibles avec un fort traitement,
plus vous les rendrez redoutables. Tout sera livré
dans le canton à l'arbitraire du juge de paix, qui
sera à la fois l'homme de la justice civile, l'homme
de la justice criminelle, et l'homme de la politique.
Je sais bien que le gouvernement ne le voudrait
pas, et qu'il fera tous ses efforts pour que le magistrat demeure étranger aux luttes et aux entrai-
nements des partis ; mais on ne peut rien contre la
nature des choses, et jamais on n'empêchera que le
personnage le plus considérable et le plus indépendant
du canton n'en soit le plus influent.

Pour contrebalancer l'autorité presque illimitée
dont on investirait les juges de paix, on propose, il est
vrai, de leur donner des assesseurs. Mais ces assesseurs,
s'ils prêtent gratuitement leur concours, seront des
personnes du pays en qui l'on trouvera difficilement le
savoir, l'expérience et l'impartialité désirables. Si l'on
en fait au contraire des magistrats rétribués, ils cons-
titueront, avec le juge de paix, un véritable tribunal de
première instance. Est-ce bien vraiment la peine de
supprimer, comme trop nombreux, les tribunaux
d'arrondissement, pour créer à la place un tribunal de
première instance par canton ?

Les partisans de la suppression des tribunaux d'arrondissement n'en donnent que deux motifs : l'inutilité
d'un grand nombre de ces tribunaux qui, n'ayant à
juger que peu d'affaires, ont trop de loisirs ; et les

économies que l'on réaliserait à l'aide des suppressions demandées.

J'ai déjà fait remarquer que, sans modifier aucun principe d'organisation, on pouvait supprimer quelques tribunaux en changeant des circonscriptions. Si, après avoir fait les suppressions raisonnablement possibles, il reste encore un certain nombre de tribunaux peu occupés, je dis que le mal ne sera pas grand : mieux vaut pour un pays avoir à constater les loisirs forcés des juges que d'avoir à gémir sur l'augmentation des crimes ou sur la multiplicité des procès civils.

Mais d'ailleurs si les juges sont bien choisis par le gouvernement, si l'on envoie sur les petits siéges, au début de leur carrière, de jeunes hommes capables d'aspirer à une position plus élevée, les loisirs que leur feront les plaideurs ne seront pas pour eux ni pour leurs justiciables, un temps perdu. Ils sauront l'employer à l'étude et s'estimeront heureux de trouver encore dans une petite ville, loin du bruit et du mouvement des grandes affaires, quelques-unes de ces heures studieuses, si rares après la première jeunesse, où l'on peut cultiver la science pour elle-même, et méditer sur ces grands problèmes juridiques, économiques et sociaux qui devraient être familiers à tous les magistrats.

L'oisiveté dont on parle ne serait pas enfin aussi absolue qu'on le veut prétendre ; et si, comme je le propose, on venait à rétablir l'ancienne chambre du conseil avec de nouvelles prérogatives, si l'on exigeait que , pour abréger autant que possible la détention préventive, le tribunal consacrât plusieurs jours de chaque semaine à l'audience correctionnelle , je ne vois plus comment on pourrait dire que ces tribunaux n'auraient rien à faire.

Si en un mot il est reconnu que leur maintien , dans les conditions indiquées, est indispensable pour sauvegarder complétement la liberté individuelle et préserver des erreurs judiciaires, je ne connais pas de raisons qui ne doivent s'incliner devant celle-là.

On parle d'économies : d'habiles calculs ont été faits, et on prouve que les suppressions demandées permettraient de réaliser une économie de deux millions environ. Admettons qu'on en économise trois. Est-ce sérieusement que l'on propose de désorganiser un des services les plus importants, celui de la justice, pour retrancher trois millions d'un budget dont le chiffre total dépasse deux milliards ? C'est pour une somme relatiement aussi minime qu'on n'hésiterait pas à bouleverser un système créé par le génie , éprouvé par le temps , consacré par l'admiration des peuples , et qu'on se lancerait dans l'inconnu et dans tous les hasards des nouvelles expériences ?

Il n'y a point heureusement à redouter le danger des innovations périlleuses de la part des personnages éminents qui composent la commission choisie par Monsieur le garde des sceaux. Ils vont faire une œuvre de science en hommes de science. Or la science vraie n'est point une téméraire dont les écarts soient à craiudre : car, ainsi que l'a écrit d'elle l'un des membres même de la commission, le commentateur érudit de notre Code de procédure criminelle, M. Faustin-Hélie : « Elle consiste bien moins à édifier des principes « nouveaux qu'à régler les anciens et à en garantir « l'action [1] ».

1. *Histoire de l'instruction criminelle*, p. 678.

Poitiers, le 25 juillet 1870.

TABLE DES MATIÈRES.

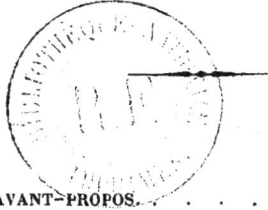

— 94 —

FIN DE LA TABLE.

POITIERS. — TYPOGRAPHIE DE HENRI-OUDIN.

www.ingramcontent.com/pod-product-compliance
Lightning Source LLC
Chambersburg PA
CBHW071529200326
41519CB00019B/6125